Karl-Friedrich Wiggermann

Spiritualität
und Melancholie

VIER-TÜRME-VERLAG MÜNSTERSCHWARZACH
1998

Die Deutsche Bibliothek – CIP-Einheitsaufnahme

Wiggermann, Karl-Friedrich:
Spiritualität und Melancholie / Karl-Friedrich
Wiggermann. – 1. Aufl. – Münsterschwarzach :
Vier-Türme-Verl., 1998
  (Münsterschwarzacher Kleinschriften ; Bd. 115)
  ISBN 3-87868-615-3

1. Auflage 1998
Gesamtherstellung: Vier-Türme GmbH, D-97359 Münsterschwarzach Abtei
© by Vier-Türme-Verlag, Münsterschwarzach Abtei
ISSN 0171-6360
ISBN 3-87868-615-3

MÜNSTERSCHWARZACHER KLEINSCHRIFTEN

herausgegeben
von den Mönchen der Abtei Münsterschwarzach

Band 115

Karl-Friedrich Wiggermann

Spiritualität und Melancholie

VIER-TÜRME-VERLAG MÜNSTERSCHWARZACH
1998

INHALT

Einleitung

Melancholie gehört zu den menschlichen Grund-
gestimmtheiten, in denen Menschen die Tiefen
und die Ränder ihrer Existenz erfahren. Melancholie findet sich im Unwegsamen; sie läßt tiefer
sehen, als jede „herrschende Meinung" ahnen
kann. Insofern lebt sie in Einsamkeit, ja sie scheint
sich in Isolation zu gefallen. Wer Melancholie
nicht kennt, hält den Melancholischen für hochmütig, weil er kaum jemanden an sich herankom-
men läßt.

Niemals lebt der Melancholische in und mit den
Trends, zu denen Medien und Werbung nicht
nur einladen, sondern fast zwingen. Er läßt sich
nicht vom Vordergründigen blenden, sondern
durchschaut, ja entlarvt es als Blendwerk. Der
Melancholische läßt sich nicht an dem genügen,
was alle tun. „Denk doch ‚normal'!" Das ist ein
Vorwurf, dem sich der Melancholische ausgesetzt
fühlt. Aber dieser Vorwurf trifft ihn nicht. Der
Melancholische sagt oft nur ein gefährdetes „Ach
ja". Er zehrt von begrabener Hoffnung.

Im Melancholischen streiten das Können bzw.
Nicht-Können und das Wollen. Einen solchen
Streit durchleidet der Melancholische. Er lebt
durchlittene Theologie und muß sich dem Streit
in seinem Inneren stellen; er lebt in einem
Zwischenreich, das kein Ertrotzen kennt. Der
Melancholische gehört meist zu den differenziert
denkenden Geistern, denn er fragt radikal nach
den Gründen, die bei anderen Menschen vergessen zu sein scheinen.

Die erste Ausprägung der Melancholie meint, klar
zu sehen, ja in ihrer Klarheit aufs Äußerste zu
gehen. Sie ist philosophisch bestimmt und will
nicht trübsinnig oder gar depressiv sein.

So stößt sie alle Gründe, zumal ihren eigenen

Grund hinweg und gerät ins Bodenlose. Ihr Motto heißt: aushalten. Sie will das Bodenlose aushalten.

Der Melancholische sagt von sich: „Nirgendwo sind wir beweglicher als in der Leere, niemals einfallsreicher als nach dem Loslassen. ... Ausgestreckt auf einer Planke vom Floß der Medusa läßt er sich vom Wellenberg emporreißen, um kurz vor dem Kamm und schon im Gebrodel der sich brechenden Flut den einzigartigen Punkt zu finden, an dem er sich in Gedanken hoch aufrichten kann, an dem er dank des eigenen Muts zur Schwere ins Abkippen und haltlose Gleiten, ins ausbalancierte Abstürzen gerät." (Horstmann 16)

Auf diesem „einzigartigen Punkt" empfängt der Melancholische eine einzigartige Übersicht über das Leben. Hier bekommt seine Melancholie, die dunkle Gestimmtheit, dennoch einen erhellenden Zug, eine wissende Heiterkeit. Aber es bleiben nur Reste des Glücks: Fragmente selektiver Erkenntnis, des Nicht-Bleibens. Der Melancholische sucht sich im Mythos zu vergewissern. Er lebt angesichts des versteinernden Blicks der Schreckmaske Medusas.

Manchmal scheint Melancholie leicht zu sein. Es gibt die (historische) Melancholie der Erfahrungen in einer Stadt, im Zusammenleben von Menschen, in einem Gespräch, in einem Argument, in einem Gedicht, in einem Seufzer. In der Erzählkunst ist die Vergangenheit von leiser Melancholie durchweht. Menschen blicken sanft-melancholisch in ihr vergehend-vergangenes Leben; sie leben in abschiedlichem Sein. Eine solche Melancholie kann man – mit Friedrich Schleiermacher – „heilige Wehmut" nennen. Diese wird zu einem Grundzug religiösen Lebens. Sie durchschaut jede konfliktgeladen-hektische Zeit.

Die zweite Ausprägung der Melancholie ist medizinisch bestimmt und zeigt sich als quälende – krankhafte – Bedrückung. Sie wird oft als Schwermut und als Depression bezeichnet. Der depressive Mensch weiß, daß er entscheiden und handeln muß, aber wenn er entscheidet und handelt, zögert er lange, zu lange. „Die Entschlußunfähigkeit kann ins Unglaubliche wachsen; eine Patientin kann ihren Platz am Tisch ändern wollen, den Stuhl aufheben und dann eine halbe Stunde zu der Entscheidung brauchen, ob und wie sie ihn niederstellen soll." (Bleuler 474).

Der Melancholische möchte alle Entscheidungen rückgängig machen, denn er ist unsicher, scheut zudem jeden Konflikt, sucht überall seine Schuld. Der Psychiater warnt den depressiven Patienten, folgenreiche Entscheidungen in der Krankheit zu treffen.

Depression ist übergroße Betrübtheit. „Diese Art der Betrübtheit verzögert und unterbricht die Handlungen des Menschen oder macht sie ganz und gar zunichte; sie ist von einem Gefühl der qualvollen Beunruhigung begleitet, das sich nur schwer im Zaum halten läßt; sie kann sich geradezu erbarmungslos des gesamten Seelenlebens bemächtigen, dessen Kapazität, was die Erfahrung von Schmerz und Pein angeht, unendlich zu sein scheint; oft taucht sie von neuem auf, nachdem sie allem Anschein nach geheilt worden war." (Arieti 15)

Die große „Ökumene" der Verbitterten ist von der zweiten – dunklen – Ausprägung der Melancholie bestimmt, während die erste sich selbst eine übergroße Klarheit bescheinigt. Aber beide Ausprägungen der Melancholie leben im Leiden, das zu lernen schon die alte griechische Tragödie einschärfte. Aischylos, der erste große Tragiker, prägte das tiefreichende Wortspiel: páthei máthos (Agamemnon 177), d.h. durch Leiden lernen.

Melancholie kann man nicht spielen, inszenieren, proben, simulieren. Sie ist zu ernst und verweigert sich jeder epistemologischen „Bewältigung". Melancholie in den verschiedenen Ausprägungen kennt nicht die spontane Freude, kaum die Muße oder den Genuß. Sie ist stets fin de siècle – auch in der Gegenwart. „Es ist dieses Eingeschlossensein in ein säkulares Gehäuse ohne Ausgänge, das für die besondere melancholische Stimmung der Gegenwart verantwortlich ist, die sich in weiten Bereichen der zeitgenössischen Kunst, in Kultur und Gesellschaft genauso wie auf dem Terrain der Politik beobachten läßt." (Heidbrink 7). Hier wird das religiöse Element beiseite gedrängt; Zeit wird „entzauberte Zeit". Theologisch freilich wird nicht der Rückzug in den Zauber geboten sein.

Der Melancholische hört keine Predigt, sondern er ist selbst Predigt, freilich Gesetzespredigt. Das Bewußtsein für Unerreichtes und nicht (mehr) Erreichbares versteinert wie der Blick der Medusa – ob auf dem Wellenberg oder in der Wüste der Depression. Die Erfahrung des Melancholischen legitimiert nichts und limitiert alles. Viele alte Menschen sind eingezwängt in „ein melancholisches Alter".

Melancholie schwankt – zwischen der „erhellenden" Klarheit der ersten Ausprägung und der Depression in der zweiten Ausprägung, zwischen den Polen tiefreichender Bestimmtheiten. Die Grundfarbe der Melancholie – zwischen hell und dunkel – ist grau, in unendlichen Schattierungen. Hier schwebt – zwischen dem Wellenberg der erhöhenden Erfahrung und der dunklen Tiefe – die Melancholie.

Den fragmentarischen Gestaltwerdungen des Melancholischen nähert sich der Glaube, der Gestalt annimmt: die Spiritualität. Es geht in der

Spiritualität und in der Melancholie um Individualisierung – mitten in der Todeswelt menschlicher Erfahrung. Diese erkennt im Fragment ihre Grenzen – im Ich. Die Begriffe Melancholie, Schwermut und Depression greifen ineinander. Sie leben aus dem vielstimmigen Nicht-Genügen der Welt; sie sind Verwandte und werden oft promiscue gebraucht. Als Gestimmtwerden entziehen sie sich allen katalogisierenden Bestimmungen. Hierbei geht die Frage nach Gott, die sich immer wieder stellt, über alle anderen Fragen hinaus.

Wenn sich Melancholie und Spiritualität treffen, zeigt sich im einzelnen Menschen Gottes Lebenswelt in menschlicher Todeswelt. Leben wird zu geistlichem Leben. Aspekte dieses Lebens werden im folgenden aufgezeigt.

Wie können Menschen den lebendigen Gott in Spiritualität und Melancholie vernehmen? „Ob wir flehen oder fluchen…, ob wir flüstern oder schreien, unsere Stimme ist die der armen Menschen. Der armen ungehörten Menschen." (Meldini 179) Bleibt der Himmel für Gebete taub?

In zwölf immer neuen Ansätzen werden uns unterwegs Gestalten melancholischer Ergriffenheit begegnen. Ergriffenheit: Das ist mehr, als jeder Begriff in seiner Vorläufigkeit sagen kann. Ergriffenheit nähert sich letztlich – vgl. das 12. Kapitel dieses Buches! – konkret dem Gebet, das diejenigen für den Melancholischen sprechen, die ihm als Verwandte, Freunde und Bekannte nahe sind.

Die zwölf Ansätze sind selbständig und zielen auf das Leben, wie der Untertitel jedes Abschnittes sagt. Hintergrund der Ansätze ist christliche Spiritualität – in der Bibel und bei geistlichen Vorbildern, z.B. bei Johannes vom Kreuz und bei Martin Luther.

Die vorliegende Schrift will zum Leben rufen. Das Leben birgt sich im Ja Gottes, dem das oft kleine Ja des Menschen antworten darf. Im letztgültigen Ja Gottes sind auch die Melancholischen geborgen.

1. Flucht und Halt

Gründe und Abgründe des Lebens

Die Gottesgemeinde des Alten und Neuen Bundes lebt nicht in einer Scheinwelt, in der sich die Glaubenden nur als fremd fühlen können, sondern sie lebt in der von Gott geschaffenen und erhaltenen Welt. Es gehört zum Bekenntnis der Glaubenden, daß Gott der Schöpfer der ganzen Welt ist, des Mikro- und Makrokosmos, auch des Mesokosmos der Menschen. Der allmächtige Gott versagt sich nicht seiner Schöpfung; er bleibt ihr zugewandt – auch in allen Einzelheiten der Geschichte des Menschen, der Menschheit, unseres Planeten, des Universums. „Nun aber sind auch eure Haare auf dem Haupt alle gezählt." (Lk 10,30)

Dieser Satz Jesu ist keine hohle Zumutung, sondern ein tröstlicher Zuspruch. Jeder einzelne Mensch lebt in einer Unmittelbarkeit zu Gott, die ihn über alle anderen Geschöpfe erhebt. Das biblische Menschenbild ist nüchtern, fast möchte ich sagen: herb. Es beschönigt nichts, es übertüncht nichts, es bezieht sich auf das Ganze. Kann der Mensch das alles in seinem Leben, ja in seinem Leiden fassen? Ist sein Leben nicht allzu gebrochen? Bleibt nicht alles im Menschen fragmentarisch?

Eine biblische Geschichte schöpft das Menschliche aus. Der Prophet Elija hat mit Hilfe Gottes die Baalspropheten vernichtet, die den Glauben Israels an den einen und einzigen Gott bedrohten und Israel in einen Sumpf der Götzendienerei verwandeln wollten. Israels König hatte eine fremde Frau geheiratet und betete selbst den Gott Baal an. Elija zog sich den Haß der Königin Isebel zu. „Und Ahab sagte Isebel alles, was Elija getan hatte und wie er alle Propheten Baals mit dem Schwert umgebracht hatte. Da sandte Isebel einen Boten zu Elija und ließ ihm sagen: Die Götter sollen mir dies und das tun, wenn ich nicht morgen um diese Zeit dir tue, wie du diesen getan hast! Da fürchtete er sich, machte sich auf und lief um sein Leben und kam nach Beerscheba in Juda und ließ seinen Diener dort. Er aber ging hin in die Wüste, eine Tagereise weit, und kam und setzte sich unter einen Wacholder und wünschte sich zu sterben und sprach: Es ist genug, so nimm nun, HERR, meine Seele; ich bin nicht besser als meine Väter." (1 Kön 19,1–4)

Israels Gott hatte sich gegen den kanaanäischen Hauptgott Baal durchgesetzt, an dem – gegen den Gott Israels – der gesamte Bereich der Fruchtbarkeit, ja das Leben selbst hing. Nun aber läuft Gottes Prophet weg. Sein Triumph scheint in das Gegenteil verkehrt zu sein. Elija begegnet dem Scheitern. Die dunkle Geschichte von der Tötung der Baalspropheten (1 Kön 18) wird nun noch dunkler. Elija flieht. Vor der Königin Isebel? Vor seiner Verantwortung? Vor Gott? Der Prophet ist total erschöpft, ganz unten; sein Wille ist erlahmt; er hat Angst; er ist lebensmüde, menschenmüde und gottesmüde". (Teschner 19) Wird Gott nun bundesmüde?

„Elija klagt über sich selbst. Einen so direkten Todeswunsch, zumal an Gott selbst gerichtet, finden wir sonst kaum in der Bibel. Elija ist von der Krankheit zum Tode erfaßt. Gott soll ihm das antun, was ihm Isebel angedroht hat. Er bittet um Vollendung dessen, wovor er doch gerade geflohen ist. Und das nur, weil er persönlich bedroht wurde? Nur weil Isebel weiter auf die anderen Götter setzt? Nur weil er in die Sequenz der gegenseitigen Prophetentötungen einbezogen werden soll?" (Dunkles belichten 42)

Israel hat seine Größten nicht heroisiert, sondern auch kritisiert, ob Abraham, Jakob, Mose oder David. Sie sind nicht gottähnlich, sondern sie sind schuldig gewordene, endliche Menschen – in allen ihren Begrenzungen.

Für Elija kommt immer wieder Neues – mitten in seiner Verzweiflung „und er legte sich hin und schlief unter dem Wacholder. Und siehe, ein Engel rührte ihn an und sprach zu ihm: Steh auf und iß! Und er sah sich um, und siehe, zu seinen Häupten lag ein geröstetes Brot und ein Krug mit Wasser. Und als er gegessen und getrunken hatte, legte er sich wieder schlafen. Und der Engel des HERRN kam zum zweitenmal wieder und rührte ihn an und sprach: Steh auf und iß! Denn du hast einen weiten Weg vor dir. Und er stand auf und aß und trank und ging durch die Kraft der Speise vierzig Tage und vierzig Nächte bis zum Berg Gottes, dem Horeb. Und er kam dort in eine Höhle und blieb dort über Nacht. Und siehe, das Wort des HERRN kam zu ihm: Was machst du hier, Elija? Er sprach: Ich habe geeifert für den HERRN, den Gott Zebaoth; denn Israel hat deinen Bund verlassen und deine Altäre zerbrochen und deine Propheten mit dem Schwert getötet, und ich bin allein übriggeblieben, und sie trachten danach, daß sie mir mein Leben nehmen. Der Herr sprach: Geh heraus und tritt hin auf den Berg vor den HERRN! Und siehe, der HERR wird vorübergehen. Und ein großer, starker Wind, der die Berge zerriß und die Felsen zerbrach, kam vor dem HERRN her; der HERR aber war nicht im Winde. Nach dem Wind aber kam ein Erdbeben; aber der HERR war nicht im Erdbeben. Und nach dem Erdbeben kam ein Feuer; aber der HERR war nicht im Feuer. Und nach dem Feuer kam ein stilles, sanftes Sausen. Als das Elija hörte, verhüllte er sein

Antlitz mit seinem Mantel und ging hinaus und trat in den Eingang der Höhle. Und siehe, da kam eine Stimme zu ihm und sprach: Was hast du hier zu tun, Elija?" (1 Kön 19, 5–13)

Elija hat – wie keine israelitische Generation vor ihm – radikal Neues erfahren. Es geht um den Kampf des Gottes Israels mit den Göttern der Umwelt. Elija findet hier eine neue Gottesnähe. Der Gott Israels rettet seinen Propheten. Der Gott Israels lebt!

Mit der Tradition, „nach der Baal, dann aber auch der Gott Israels gerade in Gewittersturm, Blitz und Erdbeben in Erscheinung treten, setzt sich unser Text auseinander. Gott ist nicht in ihnen. Wohl aber gehen sie vor ihm her, wie die Diener vor dem König herlaufen. Sie gehören nach wie vor zu ihm. Worin sich die Göttlichkeit Baals manifestiert, ist nicht einfach verschwunden oder geleugnet. Aber darin ist der Gott Israels nicht zu finden, er ist mehr und anderes. Das heißt natürlich im Rückblick auf Kapitel 18 auch: Mit Blitz wie mit Regen kann das, was dieser Gott ist, nicht erfaßt werden. Wenn er darin nicht ist, was beweist dann der „Blitz aus heiterem Himmel"?

Nach diesen traditionellen Theophanie-Elementen kommt etwas anderes. Was hier formuliert wird, ist kaum zu übersetzen. Sicher ist, daß in einem paradoxen Ausdruck von der „Stimme des Schweigens" die Rede ist. So ähnlich wird etwa in Hi 4,16; Ps 107,29 die Stille nach dem Sturm bezeichnet, die man aus dem Gegensatz heraus als Stille geradezu hören kann. Das Schweigen wird durch ein Wort näher charakterisiert, das z.B. in Gen 41,6f.23f die elenden, abgemagerten Kühe bezeichnet, die Joseph im Traum sieht, oder das Manna, das wie Reif aussieht in Ex 16,14. Also geht es um „die Stimme eines kümmerlichen, kleinen, schwachen Schweigens". Das ist, soweit wir wissen, kein fester, sonst vorkommender Ausdruck. Es ist ein Versuch, das Spezifische dieses Gottes aus dem Gegensatz heraus zu beschreiben." (Dunkles belichten 45f).

Elija bekommt Aufträge. Er hört Gottes Wort. Er hört – und fragt nicht mehr.

Gott hat Elija Zeit gelassen, aber er hat ihn nicht losgelassen. Gott hat seinen Propheten letzten Endes mit seinem Wort versorgt – auf Zukunft hin. Martin Buber hat in seiner Übersetzung des Alten Testaments von der „Stimme verschwebenden Schweigens" gesprochen. Gottes Wort ist eindringlich, nie aufdringlich. Gerade im schwachen Wort.

Elija steht als „kleiner" Mensch in der Heilsgeschichte Gottes. Gott würdigt ihn eines Wortes, das auf ein neues Ziel hinweist. Elija steht in der Gefahr, sich selbst „wegzuwerfen", im Dunkel zu versinken. Aber Gottes Wort ist gleichermaßen Gabe und Aufgabe – ins Leben hinein.

Gott hat mit Elija Geduld gehabt, und er will auch mit den Menschen unserer Zeit Geduld haben – zumal mit den Melancholischen, die mit sich selbst keine Geduld haben. Aber die eigene Ungeduld entfernt die Melancholischen nicht von Gott. Gott will nicht ihren Tod, der sich ihnen durch ihre eigene Hand oft nähert, sich nähert als Verlockung und Verführung.

2. Durch Krisen gehen

Die Kraft des Lebens

Elija ist der Prototyp des Fliehenden. Er flieht – vor den Menschen, vor sich selbst, vor Gott. Ja, auch vor Gott: Elija kommt mit seinem Leben nicht mehr zurecht. Er will in den Tod fliehen.

Das Alte Testament kennt keine Verherrlichung des Todes, sondern für die Frommen Israels – und auch für die Zweifelnden – ist der Tod die Bitterkeit für den Menschen schlechthin. Der Tod bedeutet Gottesferne. „Im Tode gedenkt man deiner nicht", betet der Psalmist. (Ps 6,6) Und weiter: „Die Toten werden dich, HERR, nicht loben." (Ps 115,17) Daß der Tod so sehr von Gott geschieden wird, hat seinen tiefen Grund: Israel soll sich dem Tod nicht mit Magie ergeben, wie es die Nachbarvölker taten. Flucht in den Tod ist zutiefst Flucht vor Gott.

Der Fliehende ist der Prototyp unserer Zeit. Menschen kommen nicht zur Ruhe. So sehr sie sich dem Zeitgeist hingeben, so sehr fliehen sie vor jeder Entschiedenheit. Sie blicken weder rückwärts noch vorwärts. Sie leben nur in der Gegenwart, auf dem Kamm der Woge, die sich jeden Augenblick an den Strand werfen kann. Die Existenz auf der Woge läßt den Blick schweifen – über das Meer im ganzen. Aber der nächste Augenblick ist der Blick im Fallen in die Tiefe.

So kann der Melancholische leben – im Augenblick auf der Höhe. Aber ihn treffen letztes Zukken und Zweifeln. Er will nicht in die Tiefe sehen. Elija kommt nahe an das Grundgefühl des Melancholischen heran, den es in die Tiefe zieht.

Beide Ausprägungen der Melancholie erfassen ihn, stärker freilich die zweite, die sich zur Depression steigert.

Elija gönnt sich keinen Blick mehr ins Leben,
aber ihm wird ein neues Wort gegönnt. Gott
würdigt ihn dieses Wortes. Wilhelm Willms hat
ein Gedicht über Elija geschrieben:

„Was willst du hier, Elija?

elija
der prophet
hatte es satt
was hatte er satt
das leben hatte er satt
und er hatte die mächtigen satt

und dann
lief dieser elija weg
in die einsamkeit
in die wüste
und
er legte sich hin
unter einen strauch

auch gott hatte er satt
er hätte sich das leben nehmen können
aber er dachte
das leben nehmen
das wird das leben tun
das leben
wird dir das leben nehmen
und er legte sich hin
und wollte sterben
und da
kommt etwas

ja
etwas
die bibel sagt
ein engel

20

das sagt die bibel immer
wenn sie nicht weiß
wie sie sich ausdrücken soll
wenn sie nicht richtig sagen kann
woher etwas kommt
also
da kam ein engel
beugte sich über elija
stieß ihn an
und sagte
steh auf
elija
du bist kein mensch der sterben darf
komm iß und trink"
(zit nach Elija. Ein Prophet im Widerspruch 15)

„Komm, iß und trink": Das ist ein Ruf ins Leben.
Elija ist für das Leben bestimmt – für das Leben
vor Gott und zu Gott hin, für das Leben des
neuen Wortes. Er hat im Neuen Testament eine
Nachgeschichte, und vielfältige jüdische Tradi-
tionen und Erfahrungen treffen sich in Elija. Der
jüdische Publizist Elie Wiesel holt ihn in jüdisches Denken und Glauben heute; er holt ihn in
gottesdienstliche Praxis; er holt ihn in die große
Geschichte Gottes und der Menschen. Elija ant-
wortet auf unsere im Innersten gehegten Wünsche: „Er ist der zehnte Mann für den Gottesdienst, der geheime Bote, der dem Fürsten rät,
seinen schädlichen Erlaß zu widerrufen, der mit-
leidige Nichtjude, der den Henker in letzter Mi-
nute stoppt, der geheimnisvolle Reisende, der im
richtigen Augenblick am richtigen Ort eintrifft
… Aber eines Tages wird er kommen und bleiben. An jenem Tag wird er den Messias begleiten, mit dessen Schicksal er verbunden ist. Der
eine kann seine Mission nicht ohne den anderen
vollbringen. Ehe der Messias kommt, muß Elijas

kommen und ihn ankündigen. In der Zwischen-
zeit tröstet er und heilt er Kranke. Er spricht den
Hilflosen Mut zu... Wir haben keinen besseren
Verteidiger im Himmel als Elija. Er weiß um das
Leiden der Juden und spricht mit Gott darüber...
Er registriert jedes tragische Ereignis, jedes Mas-
saker, jedes Pogrom, jede Todesangst, jede Trä-
ne; dank ihm gerät nichts in Vergessenheit. Seine
hervorragendste Rolle ist die des Zeugen, er ist
das Gedächtnis des jüdischen Volkes."
(zit. nach Dunkles belichten 12)

Hier spricht sich jüdisches Leben nach der Schoah
aus. Hinter diesen Sätzen eines Juden stehen ab-
geknickte Lebenswünsche, Schmerzen, Tränen,
Angst, letzter Schrei: denn „dank ihm gerät nichts
in Vergessenheit."
Elija markiert Höhe- und Tiefpunkte menschlichen Lebens. Habe ich nicht auch schon unter
einem Wacholder gesessen? Wie hat sich meine
Hoffnung verflüchtigt, wie ist sie in ein bedro-
hendes Nichts gesunken?
Ist es mir wie Elija gegangen? Wie gehe ich mit
meinen Tiefen um? Und weiter: Wie reagiere ich
auf die Tiefen im Leben anderer? Werde ich un-
geduldig? Wie kann ich einen resignierten und
depressiven Menschen begleiten? Kann ich gar
ein Bote Gottes für einen ins Dunkel gefallenen
Menschen sein?
Elija und der Bote Gottes: das sind zwei Perso-
nen. Elija ist nicht mehr allein.
Ein Mensch wie Elija: Was hat ihn aus der Bahn
geworfen? Wo war er überfordert? Wie ist es
ihm in einer schweren Krankheit ergangen? Wie
bei einem Verlust eines nahen Menschen? Wie
beim Übergang in eine neue Umgebung?
„Die Geschichte Elijas ist Urbild einer Lebenskrise. In sehr alten Bildern aus der Tiefenschicht

der Seele beschreibt diese Erzählung deren einzelne Stufen: Ausbruch der Krise im Scheitern – Fluchtversuch in großer Angst – Wüste der Leere und Resignation – Todeswunsch und Schlaf…" (Kachler 8)

Hier muß man einfügen: … und der Bote Gottes, der zur Wanderung, ja zu einer neuen Erfahrung Gottes ruft! Bei Elija kann man lernen, wie nach der Erfahrung der Einsamkeit neue Lebenserfahrungen wachsen. Es sind von Gott selbst gewährte Erfahrungen – mit seinem Boten, mit ihm selbst. Krisen haben verschiedene Hintergründe; es sind Krisen der Überforderung, des Verlustes, der Reifung und Entwicklung, schließlich des Glaubens. Ist nicht jede Krise mit einer Glaubenskrise verbunden?

Ein Kind wächst zu einem Jugendlichen und zu einem Erwachsenen heran. Kann es seinen Kinderglauben mitnehmen? Reißt nicht dieser Kinderglaube Wunden in neu gewonnene Erkenntnisse und Erfahrungen? Der heranwachsende Mensch kann erfahren, daß der „liebe Gott" der Kinder noch andere Züge hat. Er verwundet wie ein Bär und ein Wolf, sagt Martin Luther. Aber… (Nun kommt das Neue!) er verbindet auch die Wunden.

Letzterer Satz gibt eine neue Markierung. Es gibt Erfahrungen über den Kinderglauben hinaus. Und doch: Kindliches Vertrauen setzt sich fort, denn Gott ist unser Vater im Himmel. Es ist eine der großen Aufgaben der Spiritualität unserer Zeit, daß Christen den Unterschied zwischen den Wörtern „kindlich" und „kindisch" wieder lernen.

„Der erste Schritt zu einer gelingenden Krisenbewältigung liegt darin, daß wir unser Scheitern oder den erlebten Verlust nicht leugnen, sondern ihn zulassen und als wahr annehmen. Erst im

Annehmen unseres Scheiterns, erst im Akzeptieren unseres Verlustes können wir in der Krise wirklich reifen. Auf diese Grundwahrheit werden wir auf den verschiedenen Stufen immer wieder stoßen, freilich in jeweils neuer Gestalt. Das Annehmen und Akzeptieren ist wie ein roter Faden, der sich durch alle Phasen einer Krise hindurchzieht.

Dazu gehört auch, daß alle zum Scheitern und Verlust gehörigen Gefühle wie Schmerz, Ohnmacht, Verzweiflung, Angst sein dürfen, denn sie sind die Aufforderung unserer Seele, sich auf den Weg durch die Krise einzulassen und wie Elija die verschiedenen inneren Landschaften einer Lebenskrise zu durchschreiten.

Freilich zeigt gerade auch die Geschichte Elijas, daß etwas anderes uns zunächst viel näher liegt, nämlich vor dem Scheitern zu fliehen, es nicht wahrhaben, nicht zulassen zu wollen."(Kachler 39)

Die Elijageschichte zeigt uns nicht den Umweg um die Krise herum, sondern den Weg hindurch. Das kann keine Droge schaffen – weder die Droge einer Ideologie noch die Sucht des Alkohols. Gottes Wege führen zum großen Ja des Menschen zu Gott hin: „Ja, du bist bei mir."

3. Versuchungen bestehen

Brennpunkte des Lebens

Versuchungen sind Abschnitte des Lebens, in denen weitreichende Entscheidungen gebündelt werden. Sie beginnen als Tiefpunkte, die ein bisheriges Leben in Frage stellen. Es muß zu einer Entscheidung kommen, ob ein Leben in der Versuchung untergeht oder ob es sich sieghaft erhebt. Der Sieg über die Versuchung wird als Höhepunkt des Lebens erfahren.

Ein depressiver Mensch wagt keine Entscheidung. Er zögert und zögert, ja er wird im Tiefpunkt immer weiter hinabgezogen. Niemand darf einen Depressiven drängen, da letztlich Drängen und Bedrängtsein zu einer Entfremdung führen. Der Bedrängte bleibt gleichsam in einem Schwebezustand, der noch eine Entscheidung offen läßt.

Ein Mann mittleren Alters steht vor einer neuen Berufsentscheidung. Soll er die ihm angebotene Stelle annehmen? Sie ist mit einem Umzug verbunden, der die ganze Familie betrifft – die Ehefrau, die noch schulpflichtigen Kinder und die alten Eltern, die in der Nähe wohnen.

Der Umzug bedeutet, daß die Familie zahlreiche Freundschaften verliert, daß die Ehefrau ihr Engagement in einer Kirchengemeinde aufgeben muß, daß die Kinder nicht mehr mit ihren Freunden spielen können. Ein Schulwechsel hat Folgen. Welche? Der Depressive grübelt und kann mit keiner Entscheidungsmöglichkeit froh werden. Er überlegt hin und her; seine Depression entwickelt sich zu einem klinischen Fall. Weil die Möglichkeit einer neuen Berufsentscheidung sich schon in einer depressiven Phase ergeben hat, wird niemand einen verbindlichen Rat geben können.

Der Depressive wünscht einen raschen Ausweg, er wägt ab, spricht mit seiner Ehefrau, seinen Kindern, seinen Eltern. Er zögert, weil Zögern sein Wesen bestimmt. Schließlich ergibt sich „aus heiterem Himmel", den der Depressive bisher nicht wahrnehmen konnte, eine Entscheidung von selbst. Sie führt zum Bleiben. Der Depressive hat das Bleiben wirklich angenommen. Er kann mit ihm leben, weiterleben. Nachträglich erfährt er seine Versuchung als eine Erprobung, in der er letzten Endes sich selbst gefunden hat.

Die Bibel kennt eine Versuchungsgeschichte, deren Brennpunkt tief unten liegt, die dann aber ins Helle führt.

„Nach diesen Geschichten versuchte Gott Abraham und sprach zu ihm: Abraham! Und er antwortete: Hier bin ich. Und er sprach: Nimm Isaak, deinen einzigen Sohn, den du liebhast, und geh hin in das Land Morija und opfere ihn dort zum Brandopfer auf einem Berge, den ich dir sagen werde.

Da stand Abraham früh am Morgen auf und gürtete seinen Esel und nahm mit sich zwei Knechte und seinen Sohn Isaak und spaltete Holz zum Brandopfer, machte sich auf und ging hin an den Ort, von dem ihm Gott gesagt hatte. Am dritten Tage hob Abraham seine Augen auf und sah die Stätte von ferne und sprach zu seinen Knechten: Bleibt ihr hier mit dem Esel. Ich und der Knabe wollen dorthin gehen, und wenn wir angebetet haben, wollen wir wieder zu euch kommen. Und Abraham nahm das Holz zum Brandopfer und legte es auf seinen Sohn Isaak. Er aber nahm das Feuer und das Messer in seine Hand; und gingen die beiden miteinander. Da sprach Isaak zu seinem Vater Abraham: Mein Vater! Abraham antwortete: Hier bin ich, mein Sohn. Und er sprach: Siehe, hier ist Feuer und Holz; wo ist aber das

Schaf zum Brandopfer? Abraham antwortete: Mein Sohn, Gott wird sich ersehen ein Schaf zum Brandopfer. Und gingen die beiden miteinander. Und als sie an die Stätte kamen, die ihm Gott gesagt hatte, baute Abraham dort einen Altar und legte das Holz darauf und band seinen Sohn Isaak, legte ihn auf den Altar oben auf das Holz und reckte seine Hand aus und faßte das Messer, daß er seinen Sohn schlachtete. Da rief ihn der Engel des HERRN vom Himmel und sprach: Abraham! Abraham! Er antwortete: Hier bin ich. Er sprach: Lege deine Hand nicht an den Knaben und tu ihm nichts; denn nun weiß ich, daß du Gott fürchtest und hast deines einzigen Sohnes nicht verschont um meinetwillen. Da hob Abraham seine Augen auf und sah einen Widder hinter sich in der Hecke mit seinen Hörnern hängen und ging hin und nahm den Widder und opferte ihn zum Brandopfer an seines Sohnes Statt. Und Abraham nannte die Stätte „Der HERR sieht". Daher man noch heute sagt: Auf dem Berge, da der HERR sieht.

Und der Engel des HERRN rief Abraham abermals vom Himmel her und sprach: Ich habe bei mir selbst geschworen, spricht der HERR: Weil du solches getan hast und hast deines einzigen Sohnes nicht verschont, will ich dein Geschlecht segnen und mehren wie die Sterne am Himmel und wie den Sand am Ufer des Meeres, und deine Nachkommen sollen die Tore ihrer Feinde besitzen; und durch dein Geschlecht sollen alle Völker auf Erden gesegnet werden, weil du meiner Stimme gehorcht hast. So kehrte Abraham zurück zu seinen Knechten. Und sie machten sich auf und zogen miteinander nach Beerscheba, und Abraham blieb daselbst." (Gen 22,1-19)

Die Erzählung von Abrahams Versuchung und Gottes Bestätigung der Verheißung reicht weit in die Religionsgeschichte des Opfers zurück, sogar bis in den Vollzug des Menschenopfers. Gott führt Abraham bis an den Rand, an dem er Gottes Auftrag kaum mehr verstehen kann. Aber er gibt sich in diesen Auftrag hinein.

Abraham wird in dieser Geschichte als Zeuge des Glaubens vorgestellt. Sein Glaube ist nur durch eine dünne Wand vom völligen Nicht-Verstehen getrennt. Aber es gilt: Gott hat gesprochen. Darum gehorcht Abraham. Gott erwartet vom Menschen, auch das Liebste abzugeben, ohne eine Gegengabe zu erwarten, wie es in der religiösen Umgebung Israels üblich war. So wird – unter dem Zeichen des Gegenteils – Gott als Gegner des Menschenopfers vorgestellt. Gott gibt seinen Segen frei von aller Vorleistung. Sein Segen kann nicht erzwungen werden. Die Erzählung als ganze bringt Licht zum Melancholischen; sie wendet sich gegen das Überhelle und das Überdunkle der Melancholie und bringt sie auf das Maß zurück, das Befreiung heißt.

Die Erzählung bestimmt Freiheit im Mesokosmos des Menschen; so wird sie zur Beispielgeschichte für menschliches Maß. Sie beendet jede neu aufflackernde Erneuerung des (Menschen-) Opfers, weil Gott der Herr bleibt – über allem menschlichen Verstehen und Wünschen, das sich letzten Endes autonom setzt. Gott segnet neu, und Abraham zieht weiter. Ein Beispiel für die Gottesgemeinde des Alten und des Neuen Bundes.

Ganz anders ist die Erzählung von Jesu Versuchung. Der Versuchende ist der Böse selbst, und der Ort der Versuchung ist die Wüste. In der Wüste hat auch Elija die große Umkehrung seines Lebens erfahren. Von drei – sich steigernden – Versuchungen berichtet das Neue Testament. „Da wurde Jesus vom Geist in die Wüste geführt, damit er von dem Teufel versucht würde. Und da er vierzig Tage und vierzig Nächte gefastet hatte, hungerte ihn. Und der Versucher trat zu ihm und sprach: Bist du Gottes Sohn, so sprich, daß diese Steine Brot werden. Er aber antwortete und sprach: Es steht geschrieben: ‚Der Mensch lebt nicht vom Brot allein, sondern von einem jeden Wort, das aus dem Mund Gottes geht.' Da führte ihn der Teufel mit sich in die heilige Stadt und stellte ihn auf die Zinne des Tempels und sprach zu ihm: Bist du Gottes Sohn, so wirf dich hinab, denn es steht geschrieben: Er wird seinen Engeln deinetwegen Befehl geben: und sie werden dich auf den Händen tragen, damit du deinen Fuß nicht an einen Stein stößt. Da sprach Jesus zu ihm: Wiederum steht auch geschrieben: ‚Du sollst den Herrn, deinen Gott, nicht versuchen.' Darauf führte ihn der Teufel mit sich auf einen sehr hohen Berg und zeigte ihm alle Reiche der Welt und ihre Herrlichkeit und sprach zu ihm: Das alles will ich dir geben, wenn du niederfällst und mich anbetest. Da sprach Jesus zu ihm: Weg mit dir, Satan! denn es steht geschrieben: ‚Du sollst anbeten den Herrn, deinen Gott, und ihm allein dienen.' Da verließ ihn der Teufel. Und siehe, da traten Engel zu ihm und dienten ihm." (Mt 4,1–10)

4. Die dunkle Nacht

Die Lichtung des Lebens

„In einer Nacht, dunkel": So beginnt ein Lied, das der Karmelit Johannes vom Kreuz (1542–1591) geschrieben hat. Es steht im ersten Buch über die Nacht des Sinnenbereiches in dem großen mystischen Werk „Die dunkle Nacht" (Johannes vom Kreuz 27).

„In dieser trockenen und dunklen Nacht wird der Mensch bezüglich der Unvollkommenheiten, die er im Bereich der geistlichen Habgier besaß, gründlich umgeformt, denn da er mal auf diese, dann auf jene geistlichen Dinge versessen ist, fühlte er sich wegen des Strebens und Verschmeckens, die er in ihnen fand, weder durch diese noch durch jene geistlichen Übungen befriedigt. Da er nun aber in den geistlichen Dingen kein Wohlgefühl und Verkosten mehr findet, wie er es gewohnt war, statt dessen Unbehagen und Mühsal, widmet er sich ihnen nur so mäßig, daß er riskiert, durch ein Zuwenig das zu verlieren, was er früher durch ein Zuviel verlor. Und doch gibt Gott denen, die er in diese Nacht versetzt, in aller Regel Demut und Bereitwilligkeit, wenn auch mit Unbehagen vermischt, so daß sie das, was er ihnen aufträgt, für ihn allein tun; so verzichten sie auf viele Dinge, weil sie an ihnen keinen Geschmack mehr finden." (a.a.O. 82f)

Johannes vom Kreuz wendet sich hier an Anfänger des spirituellen Lebens. Sie wissen schon, daß die äußeren Dinge – wie Mehrung des Besitzes oder Erhöhung des Lebensstandards – nicht alles sind, daß sie noch nicht das Ziel des Menschen beschreiben. Der Mystiker wendet sich an diejenigen, die zum Loslassen der Dinge bereit sind, weil sie sich zu Gott hin wenden. Aber er warnt, weil der „alte Mensch" noch stark ist, daß es sogar eine geistliche Habgier gibt, die den alten Egoismus ablöst. Der Mensch, der sich in geistlicher Sucht verzehrt, um aufzufallen – als geistlicher Mensch aufzufallen! – wird in die „dunkle Nacht" geführt; er muß Gott folgen...

In diese Nacht des Sinnenbereiches ist Johannes vom Kreuz selbst in seinem Leben geraten. Er war in den Karmelitenorden eingetreten, studierte die theologischen Väter und traf mit Teresa von Avila zusammen, die ihre Klosterreform auf die Männerklöster des Karmelitenordens ausweiten wollte und dazu Hilfe brauchte. Er wurde Spiritual am Kloster der Menschwerdung in Avila, wo Teresa als Priorin wirkte. Ordensbrüder, die keine Reform ihres Ordens wollten, entführten ihn, quälten ihn entsetzlich. Aber diese Leidenszeit wurde für Johannes vom Kreuz zu einem mystischen Durchbruch.

Nach der Gefangenschaft, die ihn körperlich und geistlich gequält hatte, verfaßte er seine großen Schriften. Er lehrte, wirkte als Prior, wurde mit Verwaltungsaufgaben überhäuft. Aber er ließ seine geistlichen Quellen nicht verschütten. „Immer singt er", sagte sein ständiger Begleiter. Unterdrückungen, Belastungen, ja Verkennung und Verleumdung begleiteten ihn. Viele Ordensbrüder wollten mit Erneuerungen nichts zu tun haben. Auch im letzten Kloster, in das er gegangen war, behandelte ihn der ablehnend gesinnte Prior schimpflich. Erst ganz am Schluß wurde er vom Provinzial des Ordens befreit.

Johannes vom Kreuz hatte gelebt, was er schrieb. Inmitten der Bedrängnisse „teilt Gott dem Menschen oft gerade dann, wenn er am wenigsten daran denkt, geistliche Süßigkeit, ganz reine Liebe und geistliche, zuweilen sehr zärtliche Erkenntnisse mit, von denen jede einzelne für den

Menschen von größerem Nutzen und Wert ist als alles, was er vorher verschmeckt hat, auch wenn sich der Mensch am Anfang das nicht so denkt; denn das erlebte geistliche Einströmen ist sehr zart und wird vom Sinnenbereich nicht wahrgenommen." (a.a.O. 86f)

Der Mensch wird zur Freiheit des Geistes geleitet; er verläßt alles Entgegenstehende, auch den Hochmut des Geistlichen, auch alle Selbstzufriedenheit. Er muß Anfechtungen erfahren. Doch er wird geborgen.

„Da dieses Haus der Sinnenwelt durch diese glückliche Nacht der Läuterung des Sinnenbereiches zur Ruhe gekommen, d.h. zum Absterben gebracht ist, da die Leidenschaften des Menschen gedämpft und auch seine Strebekräfte beruhigt und eingeschlafen sind, ging der Mensch hinaus, um sich auf den Weg und Pfad des Geistes zu begeben; gemeint ist der Weg der Fortschreitenden und Fortgeschrittenen. Mit einem anderen Namen nennt man ihn auch *Weg der Erleuchtung* oder *eingegossene Kontemplation,* mit der Gott den Menschen von sich aus und ohne Gedankengänge oder aktive Hilfe von seiten des Menschen weidet und erquickt." (a.a.O. 89)

Es folgt im zweiten Buch „der tiefinnerliche Läuterungsprozeß, das heißt die zweite Nacht, die des Geistes." (a.a.O. 93ff) Johannes vom Kreuz nennt hier drei Eigenschaften für den Menschen: „Als erste sagt er, daß Gott in dieser glücklichen Nacht der Kontemplation den Menschen auf einem so einsamen und geheimen kontemplativen und dem Sinnenbereich so fernen und ungewohnten Weg führt, daß nichts, was diesem angehört, auch nicht eine Berührung mit etwas Geschaffenem, den Menschen zu erreichen vermag, so daß es ihn auf dem Weg der Liebeseinung stören oder aufhalten würde." (a.a.O. 202)

Zweitens ist zu sagen, daß „alle Seelenvermögen des höheren Bereichs des Menschen im Dunkeln sind". „Weil der Mensch da nichts sieht und nichts sehen kann, hält er sich auch auf seinem Weg zu Gott mit nichts auf außer mit ihm, da er ja nun frei ist von den Behinderungen der Formen und Bilder und des natürlichen Erfassens; ihnen ist es nämlich zu eigen, den Menschen daran zu hindern, auf immer mit Gott geeint zu sein." (a.a.O. 202)

Nur die Liebe führt – drittens – den Menschen, regt ihn an und läßt ihn „auf dem Weg der Einsamkeit zu seinem Gott" fliegen, „ohne zu wissen, wie und auf welche Weise, obwohl der Mensch sich nicht an ein besonderes inneres Licht des Erkenntnisvermögens oder einen äußeren Führer klammert, um von daher auf diesem erhabenen Weg Befriedigung zu erlangen, denn all dies entziehen ihm diese dunklen Finsternisse." (a.a.O. 202f)

Die Erklärung schließt Johannes vom Kreuz mit der Zeile: „In der Nacht, glücklich." (a.a.O. 203) Die dunklen Finsternisse sind nicht die „holden Finsternisse", mit denen Johann Wolfgang von Goethe die Scherenschnitte bezeichnete. Holde Finsternisse bleiben an der Oberfläche menschlichen Gestimmtseins. Die dunkle Nacht des Johannes vom Kreuz aber betrifft den Menschen in einer Tiefe, die er nicht selbst ausloten kann; diese dunkle Nacht ist ertragbar und erträgt den Menschen.

Die dunkle Nacht ist nicht methodisierbar; der Mensch kann hier nichts „Höheres" erkämpfen, sondern sich nur beschenken lassen. Johannes vom Kreuz ist ein geistlicher Begleiter besonderer Art. „In der Nacht, glücklich": Der Mensch lernt hier weniger religiöses Tun als gläubiges Lassen. Johannes' Rat lautet: „Verzichte auf deine Wünsche, und du wirst erlangen, was dein Herz begehrt." Wir können hier von einer „asketischen Steilheit" (Ruhbach 135) sprechen: „Verlange nichts anderes als das Kreuz, und zwar ohne Trost; denn das ist vollkommen." Ein weiterer Rat: „Suche die Befriedigung nicht in dem, was du von Gott verstehst, sondern vielmehr in dem, was du von ihm nicht verstehst."

In der dunklen Nacht geschieht Reinigung des Menschen – auf endgültige Weise. Die Nacht ist gleichzeitig überdunkel und überhell:

„Stieg ich auch auf von Höhen zu Höhen,
Es wird doch nie erreichbar sein,
Die dunkle Wolke zu verstehen,
Die in der Nacht gibt hellen Schein."

Der evangelische Theologe Gerhard Ruhbach sagt: „Die Nacht des Glaubens entspricht bei Johannes merkwürdig der reformatorischen ‚Extra-Dimension'. Der Wille als Kraft der Liebe enthält die ‚Fähigkeit des Überstiegs', und der Glaube markiert die bleibende Erfahrung des Abstandes zu Gott. Nie ist das ‚Gold Gottes' außerhalb des ‚Silbers des Glaubens', also außerhalb der verschiedenen Weisen der Gottesoffenbarung in Wort und Sakrament – in der Theologie und ganz selten in der Spitzenerfahrung der Ekstase, zu haben." (a.a.O. 137)

Einen wichtigen Hinweis für die Gegenwart, in der Esoterik in vielerlei Weise den Glauben zu „erobern" sucht, gibt der katholische Theologe Josef Sudbrack: „Die dunkle Nacht des Geistes ist kein Verschmelzen mit der Gottheit, keine Bewußtseinserweiterung in kosmische Dimensionen, kein methodisches Sich-Heranschleichen an Letzterfahrungen, kein Versinken in eigene Subjektivität. Alles, was man als Mensch Gott vorweisen könnte, muß beiseite gelassen werden; nicht der Mensch, sondern Gott bewirkt die Reinigung, das Beiseiteschaffen und Leerwerden." (Zit. ebd.)

Die geistliche Begleitung des Johannes vom Kreuz vollendet sich in dem dankenden Lob Gottes; seine Theologie ist zutiefst Doxologie.

Gott würdigt den Menschen gleichermaßen der Nacht und des Lichtes in der Nacht. Der Mensch kann in der Mitte, im Mesokosmos leben, und er kann tiefer sehen, als Mikro- und Makrokosmos je zu führen vermögen.

Johannes vom Kreuz ist als einer der großen Lehrer für die Melancholischen unserer Zeit zu verstehen, die von großem Dunkel überschattet werden und sich in ihm verlieren könnten.

5. Anfechtungen

Das Dennoch des Lebens

Martin Luther (1483–1546) hatte die Gabe, Menschen in ihren inneren und äußeren Nöten zu trösten. In Briefen erinnerte er oft an seine eigenen Anfechtungen. Als Gebannter schrieb er von der Feste Coburg an seinen in Augsburg beim Reichstag von Befürchtungen umgetriebenen Freund Philipp Melanchthon: „Das kommt daher, daß Du Dir allein glaubst, mir und anderen nicht glaubst, zu Deinem großen Schaden. Ich aber gestehe frei, ich war in größeren Ängsten als – wie ich hoffe – Du jemals sein wirst; und ich wünsche es keinem Menschen, nicht einmal denen, die so gegen uns wüten, wie schändlich und verbrecherisch sie sind, daß sie das Gleiche erleben. Und doch ist mir in diesen Bedrängnissen oft geholfen durch das Wort eines Bruders, bald Bugenhagens, bald Deins, bald des Jonas und anderer. Weshalb also hörst nicht auch Du umgekehrt auf uns, die wir sicherlich nicht nach Fleisch und Welt, sondern im Sinne Gottes reden und ohne Zweifel durch den Heiligen Geist? Mögen wir selbst nichtig sein; laß nur nicht, bitte ich, den Dir nichtig sein, der durch uns spricht." (zit. nach Dörries 463)

Es geht nicht um einige freundliche Worte im Sinne des Satzes: „Seid nett zueinander!" Es geht um eine tiefere Beziehung zwischen dem Tröstenden und dem, der Trost nötig hat. Trost ist wie eine Schnitte Brot oder ein Schluck Wasser in der Wüste zum Überleben notwendig.

Es gilt, den Auftrag und die Vollmacht dessen zu bedenken, der tröstet. Gott selbst spricht durch den tröstenden Menschen zu dem in tiefe Anfechtung Geratenen.

Gott gibt Menschen die Vollmacht, ein gültiges Wort zu sagen. Es ist der Unterschied zwischen Mensch und Gott zu beachten. Menschen können vertrösten, wenn es echten Trostes bedarf. Aber im Bruderwort – heute wird man sagen: im geschwisterlichen Wort – spricht Gott selbst. Es darf aber der nicht nichtig sein, der sich eines menschlichen Überbringers des Wortes bedient. Luther hat viele Briefe an Schwermütige, die in ihrem Glauben angefochten waren, und an Glaubenszeugen, deren Leben bedroht war, geschrieben.

An seinen Ordensgenossen, den Augustiner Lambert Thorn, dessen beide Gefährten 1523 in Brüssel um ihres Glaubens willen verbrannt worden waren, richtete er ein stärkendes Wort: „Wer weiß, warum der Herr Dich nicht mit jenen beiden sterben lassen wollte? Du wirst für ein anderes Wunder aufbewahrt." „Gedenke, daß Du nicht allein bist in deinem Leiden, sondern der mit Dir ist, der gesagt hat: ‚Ich bin bei ihm in der Not'."(Ps. 91,15)

Sei getrost und unverzagt und harre des Herrn! Laß dich nicht darauf ein, mit dem Satan zu disputieren, sondern laß Deine Augen in festem, einfältigem Glauben auf den Herrn gerichtet sein. Wisse, daß es allein Jesus Christus ist, durch dessen Blut wir selig werden. Unsere Werke und menschlichen Gesetze können weder Sünden aufheben noch uns verdammen. Du bist berufen zu einem Glied des sterbenden Christus. Christus leidet in Dir und wird verherrlicht, ist gefangen und regiert, wird bedrängt und triumphiert. Er stärke Dich durch seinen Geist in diesen äußeren Trübsalen!" (zit. a.a.O. 469)

Zwei Leitsätze gibt Luther den von innen und von außen Bedrängten: „Laß Gott dir nicht nichtig sein!" und „Laß dich nicht darauf ein, mit dem Satan zu disputieren!" Der Mensch lebt sein irdisches Leben zwischen dem Grund des Bösen und dem allein verherrlichenden Gott. Luther schreibt seinem Ordensgenossen nicht über die Qual, sondern über die Herrlichkeit seines Schicksals. So wird der Brief gleichermaßen glaubenweckend und glaubenstärkend – auch für die in Anfechtung der Schwermut geratenen Menschen am Ende des 20. Jahrhunderts. Luthers Brief kann Licht in der Finsternis sein – auch für heute.

Nach der äußeren Anfeindung der Bekenner muß noch von der inneren Anfechtung die Rede sein. Luther schrieb an einen Freund: „Du wirst so gequält, weil Du an Christus glaubst. Denn Du siehst, wie sicher und heiter er die schlimmsten Feinde des Evangeliums sein läßt!" Der Angefochtene soll nicht mit den Gedanken disputieren. Dieser Rat steht neben dem, nicht mit dem Satan zu disputieren. „Die höchste Aufgabe in diesem Kampfe ist, solche Gedanken nicht anzusehen, nicht zu erforschen oder dem zu folgen, was sie eingeben, sondern wie Gänsegeschnatter zu verachten und vorüberzugehen. Wer das gelernt hat, hat gesiegt; wer nicht, ist besiegt." „Denn Gott gefällt solche sinnlose Trauer nicht. Die Trauer über Sünden ist kurz und wegen der Verheißung der Gnade und Sündenvergebung zugleich fröhlich." „Gott, der geboten hat: ‚Du sollst nicht töten', bezeugt sicherlich in diesem Gebot, er wolle nicht diese traurigen und tötenden Gedanken, sondern lebendige und frohe Gedanken." (zit. a.a.O. 470f)

Im Kampf gegen die Dunkelheit der Melancholie, gegen schwermütige Gedanken und gegen Anfechtung – diese drei Gefahren drohen dem Menschen von innen und von außen – geht es letzten Endes um Gottes Wort, um das assertorische

Wort, das Menschen in Vollmacht durch Gott zu den Bedrängten sprechen. Im Wort Gottes allein sind die Bedrängten geborgen. Luther sprach diesen das für sie gültige Wort zu, und er wußte, daß dies nicht allein sein Auftrag war, sondern der aller Christen.

„So allein entsteht denn auch wirkliche Gemeinschaft. Wo ein Mensch aufhört, sich selbst, seine Gedanken und Wünsche zu suchen, und ganz zum Organ des Wortes Gottes wird, da erst findet er den Weg zum Bruder. Dann entsteht eine Bruderschaft, die als ‚die göttliche, die himmlische, die alleredelste' jede andere übertrifft, wie Gold das Kupfer oder Blei, – die Gemeinschaft aller Heiligen. In ihr sind wir allesamt Brüder und Schwestern… Hier wird auch das Alleinsein, das sonst den Menschen gefangen hält, durchbrochen. Denn der Glaube, der das Herz allem Irdischen entnimmt und es – wie im Tode – vor Gott stellt, überwindet doch gerade diese Einsamkeit so sehr, daß es auch im Tode nicht mehr allein ist." (a.a.O. 478f) Martin Luther und Johannes vom Kreuz kommen sich hier nahe.

Luther nennt als eine der Weisen der Evangeliumsverkündigung „mutuum colloquium et consolatio fratrum", d.h. „das vertraute Gespräch und den tröstenden Zuspruch von Bruder zu Bruder!" (a.a.O. 480) Gespräch und Zuspruch können zur stillen Predigt werden, die der ganzen Gemeinde Christi aufgetragen ist: Sie ist nicht Predigt des Gesetzes, sondern des Evangeliums. Hinzuweisen ist auf Luthers eigene Anfechtungen, die häufig mit der Klosterzeit verbunden werden. Seit Anfang Juli 1527 brach eine Anfechtungszeit herein, die bis in das Jahr 1528 dauerte. In einem Brief vom 1. Januar 1528 stehen die Sätze: „Es ist wahr, daß diese Anfechtung bei weitem die schwerste ist. Und wenn mir auch von Jugend auf nicht unbekannt, so erwartete ich doch nicht, daß sie jetzt so schlimm werde." (zit. nach Ebeling 365) Es ist zu bedenken, daß diese Sätze mitten in der Anfechtung – in einem Dankschreiben für einen Trostbrief – geschrieben sind. Luthers Anfechtung gehört in seinen Glauben hinein. „Er weiß, daß er der Anfechtung bedarf, um nicht etwa sich zu rühmen, vielmehr gedemütigt zu werden, damit Gott in ihm verherrlicht werde und eben dadurch Luther nicht zum Erliegen kommt." (Ebeling 399)

Luther wußte, daß besonders er der Fürbitte bedürfe. „Was den peinlichen Beigeschmack haben könnte, als nehme er sich vor andern so wichtig, entspringt echter Erfahrung seiner Not. Was ihm in der Anfechtung widerfährt, kehrt das Bisherige ins Gegenteil um. ‚Wie es Gott gefällt, so geschieht es, lieber Amsdorf, daß ich, der ich bisher alle andern zu trösten pflegte, selbst allen Trostes bedürftig bin.' ‚Ich befehle mich deiner und der Brüder Gebeten. Andern habe ich geholfen, mir selber kann ich nicht helfen [Mat 27,42].' Diese Hilflosigkeit verbindet ihn mit dem Gekreuzigten – ein hauchdünner Faden, und gibt dennoch das Recht, so fortzufahren: ‚Gepriesen sei mein Christus, auch mitten in Verzweiflung, Tod und Lästerung. Er lasse uns einander wiedersehen dort in seinem Reich." (a.a.O. 444f)

Luther bittet um Fürbitte – nicht nur der Freunde, sondern der christlichen Gemeinde. Er sieht sich nicht isoliert, sondern weiß sich im Gebet mit der Gemeinde und mit Gott verbunden. Hinter dem Gebet aber wirkt Gott, der sich in der Taufe als mächtig erwiesen hat. So konnte Luther auch gegen seine Anfechtung rufen: „Baptizatus sum" („Ich bin getauft").

Johannes vom Kreuz und Luther fühlen sich nicht über die andern Menschen erhaben, sondern sie werden durch die „Dunkle Nacht" und durch die Anfechtung über ihre eigene Kraft auf Gott gewiesen. Er ist ihr Halt – im Leben und im Sterben. Die „Dunkle Nacht" und die Anfechtung sind aufeinander bezogen, weil sie letzten Endes auf Gott weisen. Johannes vom Kreuz und Luther wissen, daß der Mensch sich in tiefster Bedrückung selbst nicht helfen kann. Alles kommt auf das „Extreme" an.

6. Mut und Schwermut

Die Tiefe des Lebens

Der Schweizer Theologe Erwin Anderegg wirkte 40 Jahre lang als Seelsorger der Evangelisch-Reformierten Kirche in der Basler Psychiatrischen Universitätsklinik. In seinen Begegnungen mit Patienten und Patientinnen war er ein unbeirrbarer Begleiter – auf ihrem Weg in und aus dem Dunkel ihrer Erkrankungen. In seinem Lebensbericht betont er, daß er vom Fremdwort „Depression" immer mehr wegkomme und zum Ausdruck „Schwermut" zurückkehre. „Er drückt weniger eine Diagnose als eine menschliche Befindlichkeit aus, und zwar mit einer verblüffenden Genauigkeit. In der Schwermut legt sich bleierne Schwere auf das Gemüt und macht den Lebensmut flügellahm. Schuldvorstellungen lasten auf dem Herzen. Angstgefühle bauen sich zu Tag- und Nachttürmen auf, die zu ersteigen wie ein Zwang erscheint. Aber nirgends ist eine Treppe oder Leiter, mit deren Hilfe dies zu bewerkstelligen ist. Man fühlt sich wie gelähmt und weiß doch, daß man keine körperliche Lähmung hat. Man liegt im Bett und kann sich doch nicht ausruhen. Die Erschöpfung ist total." (Anderegg 98)

Viele – nicht zuletzt differenziert denkende – Menschen leiden unter der „bleiernen Schwere" und können kaum ein Licht im Dunkel ihrer Schwermut wahrnehmen. Sie müssen Zeit haben. Der katholische Theologe Romano Guardini (1885–1968) spricht von der „Schwere des Gemütes". „Eine Last liegt auf dem Menschen, die ihn niederdrückt, daß er in sich zusammensinke; daß die Spannung der Glieder und Organe nachlasse; daß Sinne, Triebe, Vorstellungen, Gedanken erlahmen; der Wille schlaff, Drang und Lust zu Werk und Kampf matt werden. Eine innere Fessel legt sich vom Gemüt her auf alles, was sonst frei urspringt, sich rührt und wirkt. Die Spannfrische des Entschlusses, die Kraft der klaren und scharfen Umreißung, der mutige Griff der Formung – das alles wird müde, gleichgültig. Der Mensch meistert das Leben nicht mehr. Er kommt im drängenden Voran nicht mehr mit. Die Ereignisse knäueln sich um ihn; er sieht nicht mehr durch. Mit einem Erlebnis wird er nicht mehr fertig. Die Aufgabe türmt sich vor ihm wie ein Berg, unübersteiglich." (Guardini 25)

Niemand hat es so schwer wie ich, denkt der Schwermütige. Er traut sich nichts mehr zu, ja er ist überzeugt, nichts zu sein, in allem Tun zu versagen. Er hat kein Selbstvertrauen, ist unsicher, sieht nur Hindernisse. Es mangelt ihm an einem festen Auftreten gegenüber Menschen. Er nimmt nur Dunkel wahr – im wörtlichen Sinne; Dunkel ist die einzige „Wahrheit". Einst lebendige Wahrheit ist und bleibt verhüllt. Sie führt nicht mehr in lebendige Gewißheiten, von denen das Leben früher bestimmt war.

Der grübelnd-sorgende Kopf versagt den Dienst – in der Arbeit, in der Freizeit, in der nächtlichen „Wachheit". Alles Klare schwindet. Der Wiener Psychiater Hans Lenz hat die schwere Depression die Krankheit der „Losigkeiten" genannt. Menschen erfahren sich schlaflos, wertlos, lustlos, kraftlos, lieblos, gefühllos für Freude wie für Trauer, weil *alles* dunkel ist. Man könnte noch das Wort „wahrheitslos" hinzufügen. Vor allem aber erfahren sich früher gläubige Menschen als gottlos. Dies ist die wohl tiefste „Losigkeit".

Sie wird als die tiefste Krankheit unserer Zeit bezeichnet. Sind veränderte Lebensbedingungen der Grund? Sind es die Mißachtung und Verwerfung der Gemütskräfte? Vor allem im städtischen Milieu unserer Zeit nehmen Depressionen zu. Sie erinnern an vergessene Urfragen der Menschheit, die heute allzu leicht „überspielt" werden. Aber die dunklen Schatten ergreifen das Glitzern der Werbung, die die Nacht zum Tag macht. Hemmungen, Verkrampfungen und innere Ohnmacht durchkreuzen jeden Lebensentwurf. Jede Freude ist verloren, nicht zuletzt die Freude an Festzeiten. Ein Schwermütiger kauft zwar für Angehörige und Verwandte Geschenke zum Weihnachtsfest, aber wie die vorweihnachtliche Freude ist auch die Freude an den Festtagen selbst versickert wie ein schwaches Rinnsal. Der Schwermütige möchte sich freuen, aber er kann es nicht. Seine Freudlosigkeit lastet auf den ihm nächsten Menschen. Der Schwermütige, der früher selbstverständlich die Christvesper mitgefeiert hat, möchte jetzt am liebsten zu Hause bleiben. Er mag nicht singen, beten, hören und schmecken, „wie freundlich der Herr ist". Gestaltungen, auch Gestaltungen des Glaubens in der Spiritualität, „tragen" nicht mehr.

Was haben schwermütige Menschen sich und anderen zu sagen? Sie sind bis zu den Tiefen menschlicher Existenz vorgedrungen. Es ist ein Weg, den „gesunde" Menschen niemals gehen (müssen). Aber der dunkle Raum gehört zum Leben hinzu.

Schwermütige Menschen „erleben den Tag wie eine nichtendenwollende Straße. Ohne Begrenzungen und ohne Ziel zieht sie sich dahin. Ihnen fällt es schwer, am Abend die Arbeit und die Sorge aus der Hand zu legen und den Feierabend zu begehen. Sie finden keine Ruhe. Störungen beim Einschlafen oder ein zerhackter Schlaf sind die Folge. Am Morgen jedoch, wenn die anderen sich erheben und am Licht des Tages sich erfreuen, da hält es sie zurück, als wollten sie die Nacht verlängern und das Tageslicht verweigern. Der Tag- und Nachtrhythmus ist aufgehoben." (Steinhilper II 112f)

Nicht selten ist die schon genannte Umzugsdepression. Sie bedeutet Veränderung. Menschen haben bewußt auf den Umzug hingearbeitet; er ist mit einem beruflichen Aufstieg verbunden, ja er signalisiert Erfolg. Aber nach dem Umzug können sich Melancholische nicht mehr freuen. Sie sind aus ihren Ordnungen und Bindungen herausgerissen. Rolf Steinhilper spricht von der „Elastizität der Freiheit" (Steinhilper I 56), mit der melancholische Menschen nicht begabt sind. Sie können keine neue Ordnung begründen.

Kleine „Nichtigkeiten" werden maßlos überbewertet. Sie bekommen ein übergroßes Gewicht, ja sie lösen Schuldgefühle aus. Sie drücken den Melancholischen immer tiefer ins Dunkel. Er selbst kann sich nicht aus ihnen befreien; sie reißen immer tiefer hinab, je mehr von Menschen, die es gut mit ihm meinen, gesagt wird, er solle sich nur „zusammenreißen", dann werde alles wieder gut. Solches „Zureden" aber hilft nicht weiter.

Hilfe gibt es in dem Sich-Zeit-Lassen, in dem Melancholische und „gesunde" Menschen sich begegnen. Sie begegnen sich in der Zeit, die Gott allen Menschen gönnt – gerade auch den Melancholischen. Es ist gut, wenn sie durch den Mund ihrer Nächsten – jeden Tag neu! – wissen, daß die dunkle Zeit vorübergehen kann und wird. Daher brauchen die einen von den anderen nicht Unmögliches zu verlangen. Menschen können Gott nichts bringen, aber Gott hat ihnen längst alles Heilende und Heilvolle gebracht.

Martin Luther hat in eigener Schwermut ergreifende Bitten an die Freunde gerichtet; er bittet

um Trost: „Ich, der bislang alle anderen zu trösten pflegte, bin nun selbst alles Trostes bedürftig." „Höre nicht auf, kräftig für mich zu beten
und mich zu trösten, denn dieser Kampf geht
über meine Kraft." „Bete weiter ernstlich für mich
zum Herrn, daß ich, schwach, wie ich bin, nicht
von Christus verlassen werde. Ich weiß, Versuchung ist mir not, daß ich gedemütigt und Gott
in mir verherrlicht werde, – nur daß ich nicht
unterliege!" (zit. nach Dörries 463f)

„Das schwere Leben leben lassen": So lautet der
programmatische Titel eines Buches von Rolf
Steinhilper, das „Wege aus der Depression" auf-
zeigt. In einem weiteren Buch heißt es: „Wie immer das depressive Spannungsgeschehen inter-
pretiert wird – für den betroffenen Menschen
selbst bedeutet es Leiden. Dieses Leiden schließt
ihn aus der lebensvollen Beziehung zu Gott und
zu den Menschen aus. In diesem Leiden gibt er
sich selbst verloren und lebt in Hoffnungslosigkeit und Selbstwidersprochenheit dahin. In allem aber ist ein erstickter und unterdrückter Auf-
schrei nach Liebe zu hören. Er kommt von einem
Leben, das in seinem Verlauf immer wieder zu
entbehren hatte, was zum äußeren und zum inneren Wachstum notwendig war. Darum fällt es
dem depressiven Menschen auch schwer, Vertrauen zu fassen und sich vom Vertrauen fassen
zu lassen. Er wurde zwar gehalten, doch er erlebte immer wieder die Haltlosigkeit des Lebens.
Ungehalten hat er sich erfahren, und ungehalten
ist er darüber geworden. Denn oft mußte er in
untragbaren und unerträglichen, feindseligen und
versagenden Beziehungen sich behaupten."
(Steinhilper I 16).
Sich behaupten, d.h. erhobenen Hauptes ins Leben sehen: das gerade kann der melancholische
Mensch nicht.

„Die Schwermut ist etwas zu Schmerzliches, und sie reicht zu tief in die Wurzeln unseres menschlichen Daseins hinab, als daß wir sie den Psychiatern überlassen dürften.

Wenn wir also hier nach ihrem Sinn fragen, so ist damit auch schon gesagt, daß es uns nicht um eine psychologische oder psychiatrische, sondern um eine geistige Angelegenheit geht. Wir glauben, es handelt sich um etwas, was mit den Tiefen unseres Menschentums zusammenhängt." Mit diesen Sätzen beginnt Romano Guardini sein zu Recht berühmtes Buch „Vom Sinn der Schwermut".(5)

Guardini meint, daß wir „die Schwermut als etwas verstehen müssen, in welchem der kritische Punkt unserer menschlichen Situation überhaupt deutlich wird". (24)

Menschen bekennen sich zu ihrer Schwermut. Walter Jens sagte in einem SPIEGEL-Interview, er habe eine schwere Depression hinter sich und er sei dankbar für Psychopharmaka, die ihm aus der Krankheit herausgeholfen hätten.

Schwermut kann nicht in einem humanwissenschaftlichen System gefaßt werden. Als Betroffenheit eines einzelnen Menschen ist sie eine besondere Form der Kontingenz, die in ihrer Variabilität gesehen werden muß. Kontingenz verhindert jedes „Schubladendenken", das allzu stabil ist. Schwermut ist „Bewegung" in der Tiefe eines menschlichen Lebens.

7. Das leise Niedersinken

Ruinen des Lebens

„Wir können heute in den Masken eines blinden Optimismus, in den Ungeheuerlichkeiten der sogenannten Fortschritte, in der Hoffnungslosigkeit einer noch in ihren hektischen Vergnügen verzweifelten Jugend, in dem langsamen Sterben der Natur, in der Kälte unserer Städte, in dem beschwichtigenden Wortgeklingel der Politiker, in der Ohnmacht der professionellen Tröster – wir können, um des Überlebens willen, in solchen Symptomen nicht länger übersehen, daß die Melancholie ins Zentrum der Gesellschaft gerückt ist. Längst gibt es nicht mehr das melancholische Privileg der Kunst. Längst ist Melancholie nicht mehr Ausdruck eines parasitären Katastrophismus, wie ihn der Schriftsteller Michael Schneider den Intellektuellen und Künstlern in Deutschland vorrechnete. Es ist sinnlos geworden, mit guten moralischen Überzeugungen gegen die nicht mehr zu leugnende Möglichkeit zu polemisieren, daß unsere Geschichte ins Zeichen des Todes getreten sein könnte. Was einmal die Erfahrung abseitiger Minderheiten war, daß nämlich das Leben nur im Durchgang des Todes zu haben ist, dieses melancholische Wissen ist zur zentralen Aufgabe unserer Gesellschaften geworden. Es gilt darum, die Geschichte des Melancholikers neu zu lesen. Wir entdecken, daß er immer schon ein Sprung im Gefüge der Macht war." (Böhme 180)
Sagen es die politischen Programme nicht anders? Sind sie nicht optimistischer? Brauchen wir nicht die – große und kleine oder mittlere – alltägliche Zufriedenheit? Ist es nicht allemal besser, nach einem vielleicht utopischen Lebensentwurf zu leben und zu planen als nach gar keinem?

Der Melancholiker schüttelt den Kopf. Er sieht hinter den politischen Programmen schon die Korruption der Macht. Er sieht hinter den militärischen Erfolgen schon den Beginn der Erfolglosigkeit. Er sieht hinter Zuneigung und Vertrauen schon die Ausbeutung der Gefühle. Er ist Skeptiker, vielleicht sogar Agnostiker.

Er sieht hinter dem Tag schon die Nacht, hinter der leuchtenden Kerze schon das Verglimmen, hinter der hellen Freude schon die Verdunkelung. Er hört hinter dem Flüstern schon den Donner, hinter der Harmonie schon die Disharmonie, hinter dem friedvollen Zuspruch schon das mächtige Widerwort. „Leben heißt: Hoffnung begraben", sagte Theodor Fontane. Ist der Mensch nicht nur ein alter „Madensack", wie Martin Luther gelegentlich sagen konnte? Aber er sprach nicht immer so. Der Melancholische aber macht diesen „Nebensatz" zu einem Hauptsatz. Er setzt hinter jedes Ausrufungszeichen ein Fragezeichen, hinter jedem Jubel die Klage, hinter den Aufbruch den Untergang.

Müssen wir uns nicht wehren gegen eine alles übertönende und alles verdunkelnde Melancholie? Müssen wir uns nicht wehren gegen die Melancholie in uns? Bringt sie letzten Endes nicht das Verderben für alle?

Albrecht Dürer, ein Melancholiker, schuf im Jahr 1514 den Kupferstich „Melencholia I". Der düstere Engel mit dem gleichermaßen scharfen und leeren Blick ist umgeben von Gegenständen des technischen Erkennens, dem Zirkel, der Waage, dem Stundenglas. Sie scheinen ihm nicht zu helfen. Stören sie ihn gar? Sie geben ihm kein klares Bild, keine leuchtenden und wißbegierigen Augen. Gottfried Benn nannte diesen schwermütigen Engel einen „Genius ohne Schlaf, auf bloßem Stein, mit Geduld gekrönt, die nichts erwartet, die Ellenbogen aufs Knie gestützt, die Wange an die Faust gelehnt, schweigend dabei, seine offenkundigen und seine geheimen Werke zu erfüllen, bis der Schmerz erklungen ist, das Maß vollbracht und die Bilder von ihm treten in der Blässe der Vollendung." (zit. a.a.O. 184)

Doch dann bei Dürer das große „Aber"! Aber am Horizont leuchtet der Regenbogen als das Verheißungszeichen Gottes. Doch das erste „Aber" wird von einem zweiten „Aber" begleitet: Aber es leuchtet auch der Komet als Zeichen des apokalyptischen Unheils. Können Regenbogen und Komet zusammenkommen? Wird ersterer sich letzterem gegenüber nicht doch – am Ende! – durchsetzen?

Wiederum erhebt die Melancholie Einspruch: „Die historische Dynamik der Rationalität, der wir jahrhundertelang vertraut haben, scheint erschöpft. Immer ferner rückt die Utopie des Glücks. Die Träume des Fortschritts sind ausgeträumt." (zit. a.a.O. 185)

Damit tritt Dürers „Melencholia I" in unsere Gegenwart. Sigmund Freud „erklärt die Melancholie zur neurotischen Reaktion, der ärztlich abzuhelfen sei. Diese Medizinierung der Melancholie aber vergißt, daß es Weltzustände und existentielle Situationen gibt, in denen die Melancholie eine angemessene Haltung darstellen kann. Vielleicht leben wir heute in einer solchen Epoche der globalen Verdüsterung der Lebensmöglichkeiten. Und vielleicht geht es darum, in der gesellschaftlichen Krankheit eine ‚Freiheit zum Tode' zu finden, also eine melancholische Haltung." (a.a.O., 183)

Wir leben in der Todeswelt. Der Tod kann nicht verdrängt werden – auch nicht durch Mythen und durch Magie. Der Tod ist hart und herb; er ist kein Scheintod.

Täglich sterben Menschen – durch Argwohn, Liebesentzug, Haß… Der Melancholische denkt: Ich habe ein Haus gebaut; ich habe im Beruf Erfolg gehabt; ich bin anerkannt, sogar geliebt. Aber ich muß erfahren, daß ich endlich bin, begrenzt. Gott hat mir ein endliches Leben gegeben, mich mit endlichen Gaben begabt. Ich darf ihm als dem Geber aller Gaben danken, und ich darf ihm vertrauen, daß er es in Ewigkeit gut mit mir meint. Er zeigt mir im Glauben an Jesus Christus, daß an einem Punkt in der ganzen Weltgeschichte die Todeswelt überwunden ist – in der Auferstehung Jesu Christi von den Toten.

So *kann* der Melancholische denken. Vorerst aber zeigt sich der Tod als Gebieter, dem niemand widerstehen kann.

„Darum ist die Ruine der eigentliche Ort des Melancholikers. Die Ruine zeigt unseren mächtigen Bauwillen im Übergang zum endgültigen Verfall. Was einst Ausdruck lebensvoller Energien, Stätte des Handelns oder der Liebe, Ort des Gebets oder der Arbeit war, ist jetzt Zeugnis einer eigenartigen Verwandlung, durch die das Schauspiel des Lebens zur Totenklage wird. Noch ist der Bauplan des Hauses, der Stadt zu erkennen, noch stehen Gewölbe, Torbögen, Mauergerippe; schon aber frißt das Wasser am Stein, krallen sich Pflanzen in die Risse der Mauern, spielt der Wind in den Fensterhöhlen, huschen die unheimlichen Tiere der Nacht durch Räume, die spurenhaft noch das vormalige Leben des Menschen bewahren. Die Natur holt sich, was der Mensch ihr abgerungen hat, zurück. Die Ruine läßt spüren, daß unsere Einrichtungen eines lückenlosen Energieaufwands zu ihrer Erhaltung bedürfen. Nichts aber hat Bestand; dies ist das unnachgiebige Wissen des Melancholikers. So mächtig stolz, siegreich sich unsere Bauwerke

erheben – es gibt eine stärkere Kraft, die des leisen, unmerklichen Niedersinkens." (a.a.O. 182f)
Glanzvoll sind die Errungenschaften menschlichen Geistes und menschlicher Technik. Im Reich des Mikrokosmos und des Makrokosmos dringen Forscher immer weiter vor in bisher unbekannte Bereiche. Ich nenne Hirnforscher und Astronomen; sie erforschen das ganz Kleine und das ganz Große.

Der menschliche Geist ist seiner Herkunft auf der Spur. Aber wird er so seine Zukunft verlieren? Er verwechselt oft Rätsel und Geheimnis. Er kann und wird Rätsel lösen, aber das Geheimnis zieht sich in sich selbst zurück, es läßt sich nicht verrätseln.

Dem Rätsel gebühren forschende Tatkraft und kombinatorische Wissenschaft. Dem Geheimnis aber gebührt allein Ehrfurcht und heilige Wehmut. Wenn beides vereint *und* unterschieden ist, kann es ein Gelingen geben. Beides mag in der Person eines Forschers zur Tiefe der Erkenntnis kommen.

Muß dann aber die Melancholie das letzte Wort haben? Es stellt sich die Frage nach Gott.

8. Einsamkeit

Die Wüste des Lebens

Melancholie ist gezeichnet vom Tode und von Todesgedanken. Sie hat keine festen Werte mehr, sondern sie bewegt sich und erstarrt in letzten Fragen und Infragestellungen.
Karl Egon Ebert (1801–1882) schreibt ein Gedicht „Melancholie":

> „Es ist ein schauerlich Gefühl, zu leben
> Ganz ohne Ziel und Hoffnung beßrer
>   Zeiten,
> Im Arm die Laute mit zerrißnen Saiten,
> So zwischen Wog' und Himmel hinzu-
>   schweben.
> Soll ich mich auf ins Sternenzelt erheben?
> Weh mir! mein Stern entschwand in
>   dunkle Weiten!
>
> Soll ich hinab denn in die Wellen gleiten?
> Die Wellen – weh! sind keinem treu
>   ergeben.
>
> Ich will mir denn ein eigen Ziel ersinnen,
> Denn jeder Wandrer weiß, wohin er
>   treibe,
>
> Und jeder Schiffer, welche Welt er suche;
>
> Der eine trachtet, Schätze zu gewinnen,
> Der andre nach dem auserwählten Weibe,
> *Ich* will denn trachten – nach dem
>   Leichentuche!"

(zit. nach Völker 142)

Kann dieses Leben noch *Leben* genannt werden? In aller Unruhe schwebt es zu einer Ruhe hin – zu der des Leichentuches.
Der Melancholiker wägt kaum ab: Der Tod drängt sich ihm auf – mit der ihm allein eigenen

Gewalt. Es ist das Einzelleben, von dem hier gesprochen wird. Dieses Einzelleben will verschwinden, denn das Leichentuch ist das letzte – den Leib umhüllende – Tuch. Wer das Leichentuch ersehnt, hat alles lebendige Trachten und Wünschen hinter sich gelassen; er artikuliert den letzten Wunsch – noch *vor* dem gesetzten Ziel. Mitten im Dreißigjährigen Krieg, im Jahr 1637, hat Andreas Gryphius (1600–1664) sein Gedicht „Menschliches Elende" geschrieben:

> „Was sind wir Menschen doch! Ein
>   Wohnhaus grimmer Schmerzen,
> Ein Ball des falschen Glücks, ein Irrlicht
>   dieser Zeit,
> Ein Schauplatz herber Angst, besetzt mit
>   scharfem Leid,
> Ein bald verschmelzter Schnee und
>   abgebrannte Kerzen.
>
> Dies Leben fleucht davon wie ein
>   Geschwätz und Scherzen.
> Die vor uns abgelegt des schwachen
>   Leibes Kleid
> Und in das Totenbuch der großen
>   Sterblichkeit
> Längst eingeschrieben sind, sind uns aus
>   Sinn und Herzen.
>
> Gleich wie ein eitel Traum leicht aus der
>   Acht hinfällt
> und wie ein Strom verscheußt, den keine
>   Macht aufhält,
> So muß auch unser Nam, Lob, Ehr und
>   Ruhm verschwinden.
>
> Was itzund Atem holt, muß mit der Luft
>   entfliehn,
> Was nach uns kommen wird, wird uns
>   ins Grab nachziehn.

Was sag ich? Wir vergehn, wie Rauch von
starken Winden."

(zit. nach v. Wiese 110)

Hinter diesem Gedicht steht die nackte Ohnmacht vor der alles angreifenden Macht der Sol-
daten und Waffen. Die Welt des furchtbaren Krieges, gleichzeitig des Hungers nach Leben und
nach schnödem Gewinn, ist durchzogen von den
Furchen der totalen Hinfälligkeit.
Der Mensch klagt – in einem melancholischen
Zeitalter; es ist alles eitel. Im Strom der Vergänglichkeit wird der Dauer kein Raum gelassen. Fal-
sches Glück, herbe Angst, Geschwätz, Toten-
buch, Traum: es geht alles vor der Zeit dahin.
„So muß auch unser Nam, Lob, Ehr und Ruhm
verschwinden."
Die Zeit des großen Krieges ist gleichzeitig die
Epoche glanzvollen Lebens an den Höfen der
Mächtigen, aber auch der beginnenden Entwick-
lung der Naturwissenschaften, die seitdem die
Welt bestimmt haben – bis in unsere Zeit. Wer
heute über eine kalte Welt klagt, stimmt in eine
Klage ein, die langen Atem hat.
„Wir vergehn, wie Rauch von starken Winden."
Menschen verschwimmen in einem großen To-
sen; sie versickern in einer weiten Wüste. Wird
mit dem Humanum des einzelnen auch die
Humanitas im ganzen verschwinden? Wer eine
Diagnose der Zeit wagt, kann mit Nietzsche sa-
gen: „Die Wüste wächst." Wird diese Diagnose
alle Therapien verschlingen?
Alles ist eitel: Solche Erfahrungen stehen hinter
dem Gedicht von Andreas Gryphius. Sie kom-
men weither, aus einer im Alten Testament sin-
gulären Schrift, dem Buch Kohelet.
„Eitelkeit der Eitelkeiten, sprach Kohelet,
Eitelkeit der Eitelkeiten, alles ist eitel.

Was hat der Mensch für Gewinn von all
    seiner Mühe,
mit der er sich unter der Sonne abmüht?
Ein Geschlecht geht,
    ein Geschlecht kommt –
doch die Erde bleibt immer bestehen.
…

Alle Worte mühen sich ab,
niemand kann alles ausreden.
Das Auge wird nicht satt beim Sehen,
und das Ohr nicht vom Hören voll.
Was geschehen ist, das wird geschehen,
und was getan ist, das wird man tun:
Nichts Neues gibt es unter der Sonne.
Wenn es etwas gibt, von dem man sagt:
Siehe dies an, es ist neu,
so hat es das schon längst in fernen Zeiten
    gegeben,
die vor uns gewesen sind.
Es bleibt kein Erinnern an das, was früher
    war,
wie auch nicht daran, was später geschieht.
Man erinnert sich nicht daran –
wie auch nicht an das, was zuletzt
    geschehen wird."

(Koh 1,2–11)
Übersetzung von Aarre Lauha

Der Schlüsselterminus Kohelets ist „häbäl": Eitelkeit. Im Alten Testament kommt das Wort
73mal vor, im Buch Kohelet allein 38mal. Die
Grundbedeutung des Wortes ist konkret „Wind-
hauch" und davon abstrakt „Flüchtiges", „Nichtigkeit", „Hinfälligkeit". Das Wort hat im Alten
Testament einen gewissen negativen Klang, die
Bedeutung des Wertlosen. Wenn das Wort in der
Polemik gegen fremde Götter gebraucht wird,

ist es eine der wichtigsten Bezeichnungen für „Götze". Es umfaßt bei Kohelet auch die Vergänglichkeit und die kreatürliche Nichtigkeit des Lebens. „Aber wenn das Wort auf das Weltgeschehen und seinen ethischen Unsinn hindeutet, ist es Ausdruck eines nihilistischen Urteils über das ganze Leben und dessen Werte." (Lauha 18) In der griechischen Septuaginta wird „häbäl" mit „mataiótes", in der lateinischen Vulgata mit „vanitas" und bei Luther mit „Eitelkeit" übersetzt. Diese Übersetzungen entsprechen dem Denken Kohelets.

Die Lebenswerte sind entwertet; das Leben gewinnt weder Sinn noch Wert. „Wenn dem Leben der tiefere Inhalt fehlt und wenn man auf das geistige Ringen um Klarheit verzichtet, muß man sich damit zufriedengeben, das zu genießen, was das alltägliche Leben einem jeden bieten kann, die kärgliche physische Glückserfahrung." (a.a.O. 19)

Das ist alles trügerisch und wenig, aber im einförmigen Ablauf der Eitelkeiten doch etwas, was ein wenig Farbe und Freude hat.

„Ich sagte bei mir selbst:
Wohlan, ich will mit Freude bei dir einen
    Versuch machen:
weide dich am Glück!
Aber siehe: auch dies war eitel.
Zum Lachen sprach ich: Sinnlos!
und zur Freude: Was schafft sie?
…
Als ich mich aber all meinem Tun zu-
    wandte,
das meine Hände getan hatten,
und zur Mühe, mit der ich mich abmühte,
    um es zu vollführen
siehe da: alles war eitel und Haschen nach
    Wind,

und es gibt keinen Gewinn unter der
Sonne.
....

Es gibt nichts Besseres für den Menschen,
als daß er ißt und trinkt
und sich's wohl sein läßt bei seinem
    Mühen.
Doch auch dies ist eitel und Haschen nach
    Wind."

(Koh 2,1–24a.26b)

Kohelet überführt das Leben und das Erträgliche und Schöne des Lebens: „Alles ist eitel." Dennoch versucht er zu leben – freilich in allen Brüchen und Rissen, die gewaltig sind. Im Grunde
ist alles durch ein despotisches Schicksal bestimmt; deshalb sollte der Mensch sich am Kleinen halten, die kleinen Freuden genießen, die das
Leben trotz allem – d.h. trotz aller seiner Unbegreiflichkeit – noch bietet:
    „Für alles gibt es eine Stunde
    und eine Zeit für jede Angelegenheit
    unter dem Himmel:
    Zeit geboren zu werden
    und Zeit zu sterben,
    Zeit zu pflanzen
    und Zeit auszureißen,
    Zeit zu töten
    und Zeit zu heilen,
    Zeit abzubrechen
    und Zeit aufzubauen,
    Zeit zu weinen
    und Zeit zu lachen,
    Zeit zu klagen
    und Zeit zu tanzen..."

(Koh 3,1–4)

9. Das Schweigen der Räume

Der Winter des Lebens

Der Dichter Reinhold Schneider (1903–1958) hat seinen Glauben nicht leichthin gelebt, sondern hat ihn mit den Tiefen der Geschichte und mit den Weiten des Kosmos konfrontiert. Im Nachlaß wurde ein Text „Das Schweigen der Räume" gefunden.

„Nacht für Nacht fechten uns die Räume an. Wir verlassen die Erde auf irgendeinem Fahrzeug der Phantasie; der Widerschein des Mondes verlischt; wir treiben im Dunkel. Bald hat es keinen Sinn mehr, nach Zeit zu fragen; denn ihr Maß, die Drehung der Erde, gilt hier nicht. Wenn noch Zeit ist, so ist sie völlig anderer Art. Wie wollen wir unser Lebensalter bestimmen? Wir wissen auch nicht, wo wir sind. Denn wir wissen nicht, wo die Erde kreist. Sie ist weitergewandert um die Sonne. Und die Sonne schwingt sich um die Mitte ihres Systems und zugleich in einem Zyklus von mehr als zweihundert Millionen Jahren um die Mitte der Milchstraße, und die Milchstraße eilt mit 300 Kilometern in der Sekunde durch den Raum. Wie sollten wir diese mit rasender Schnelle durch den Raum schießenden Spiralen errechnen?

Auch läßt sich nicht sagen, ob wir sinken, steigen oder gleiten. Und doch bleiben wir gefangen in einer äußeren Spirale der Milchstraße, deren Radius 50 000 Lichtjahre beträgt. Weit kommen wir nicht, selbst wenn wir uns mit Lichtgeschwindigkeit bewegen könnten. Unsere Lebensfrist, wie wir sie auch beziffern mögen, ertrinkt im All. Das nächste System, den Adromeda-Nebel, gewahren wir, wie er vor 720 000 Jahren war – so lange ist sein Licht schon zu uns auf dem Wege. Wo er heute steht, wissen wir nicht.

Unsere Fernrohre blicken um vielleicht 500 Millionen Jahre zurück. Könnte in dieser Ferne das Bild unseres Systems aufgefangen werden, so stammte es, auf die Erdgeschichte bezogen, aus der Triasperiode, als die Saurier die Erde beherrschten. Fernste Prähistorie ist dort Gegenwart – wenn es eben einen Sinn hätte oder zulässig wäre, was wir „Zeit" nennen, in ein anderes System zu übertragen. Die tausend Millionen Sonnen vereint – ausgestreut in ungeheuren Abständen in einem Universum von sieben- oder achttausend Millionen Lichtjahren Durchmesser, dessen Alter 6 bis 8 Milliarden Jahre nach unserer Rechnung nicht überschreiten kann.

Das ist die Wirklichkeit, in der wir treiben. Nichts scheint absurder, als den Menschen in irgendeine Beziehung zu ihr zu setzen. Sie ist eine ungeheuerliche Überforderung, nicht allein des menschlichen Geistes und der Vorstellungskraft, sondern der Existenz. Sie steigert sich von Augenblick zu Augenblick. Denn je weiter die Milchstraßen von uns entfernt sind, um so rascher scheinen sie zu fliehen; das Licht fliegt ihnen voraus, der Raum expandiert mit Lichtgeschwindigkeit. Und wenn der Feuerschein unserer Versuche in Nevada oder im Pazifik die uns noch sichtbaren Fernen erreicht, so ist, nach allem Ermessen, das Feuer der Geschichte auf Erden ausgebrannt; von den heute gebietenden Mächten ist dann nicht mehr der Schatten eines Namens; die Signale unserer Tragödien irren weiter, wenn Schauplatz und Spieler längst nicht mehr sind. Nach 200 Milliarden Jahren kehrt im gegenwärtigen, schwerlich endgültigen Bild der unendlich-endlichen Welt ein Lichtstrahl an seinen Ausgangspunkt zurück."

„Unsere Lebensfrist, wie wir sie auch beziffern mögen, ertrinkt im All." Wo kann sich der

Mensch geborgen fühlen? Wo kann er in der Kälte und im Schweigen der Räume leben?

Der Makrokosmos schweigt. Wo gibt es ein letztgültiges Wort, das an den Menschen gerichtet ist? Das ihn herausruft aus der Einsamkeit im All? Das ihn gar beim Namen nennt?

In den fast erdrückenden religiösen Weiten seiner mächtigen religiösen Umwelt verkündet der Prophet Deuterojesaja ein Gotteswort: „Fürchte dich nicht, denn ich habe dich erlöst; ich habe dich bei deinem Namen gerufen; du bist mein!" (Jes 43,1)

Gott spricht nicht nur, sondern er spricht den Menschen an: „Du!" Gott legt ihm einen Wert, eine Würde bei, die sich über alles kosmische Schweigen erhebt. „Wenn du durch Wasser gehst, will ich bei dir sein, daß dich die Ströme nicht ersäufen sollen; und wenn du ins Feuer gehst, sollst du nicht brennen, und die Flamme soll dich nicht versengen. Denn ich bin der HERR, dein Gott, der Heilige Israels, dein Heiland." (Jes 43,2f)

Gott gönnt dem Menschen sein „Du", das weiter reicht als alle Weiten der Räume, die schweigen, die im Unendlich-Endlichen unfaßbar werden.

Im Blick und im Horchen auf die Räume, die sich in den Weiten des Weltalls verlieren, kann der Mensch nur melancholisch werden. Astronomen registrieren – nachträglich! – unendliche Katastrophen im Weltall, und sie wissen, daß einmal – wann? – die Erde von einer unbeherrschbaren Katastrophe getroffen wird, die alles – alles! – Leben auslöscht, weil sie keine Bedingungen für Leben mehr läßt.

Der Mensch tanzt auf einem Vulkan, und mancher mag sich einer Hellsicht beim letzten Schritt rühmen. Aber es ist der letzte Blick, bevor das Dunkel alles greift und vernichtet.

Wo zeigt sich Bleibendes? Wo ist ein anderer

Blick, der noch das Vergehen in seinen Händen birgt? Kann ich ihn anrufen? Reinhold Schneider hat wenige Monate vor seinem Tod seinen „Winter in Wien" erlebt und beschrieben. Es sind ehrliche Notizen eines Wanderers im Dunkel.

„Man muß beten, auch wenn man es nicht kann. Ich kann sehr wohl beten für andere, die Priester, Forscher, Staatsmänner, die Völker, die Kreatur, die Erde; für die Kranken zuerst, wie es sich versteht, und für die Toten; das ist die stille Betätigung eines rätselvollen Zusammenhangs. Ich habe ein tiefes Bedürfnis danach; es ist das, was mich hält, was mich morgens in die Kirche ruft; für mich kann ich nicht beten; und des Vaters Antlitz hat sich ganz verdunkelt; es ist die schreckliche Maske des Zerschmeißenden, des Keltertreters; ich kann eigentlich nicht ‚Vater' sagen." (Schneider II 271)

Wie sehr hat sich hier alles verdunkelt, auch die Nähe zu Gott. „Der Zweifel ernährt den Glauben; der Glaube den Zweifel." (a.a.O. 375) Schneider rührt ans Geheimnis des Gebets, das sich noch im Schweigen der Räume artikuliert. „Beten über den Glauben hinaus, gegen den Glauben, gegen den Unglauben, gegen sich selbst, einen jeden Tag den verstohlenen Gang des schlechten Gewissens zur Kirche – wider sich selbst und wider eigenes Wissen –: solange dieses Muß empfunden wird, ist Gnade da; es gibt einen Unglauben, der in der Gnadenordnung steht. Es ist der Eingang in Jesu Christi kosmische und geschichtliche Verlassenheit, vielleicht sogar ein Anteil an ihr: der Ort vor dem Unüberwindlichen in der unüberwindlichen Nacht. Ist diese Erfahrung aus der Verzweiflung an Kosmos und Geschichte, die Verzweiflung vor dem Kreuz, das Christentum heute? (Ich habe nur Fragen, eine Ahnung des Leidens, des herrscherlichen, das alle Dimensionen übersteigt.) Und dieses Muß, dieses dunkle, ohne Furcht vor dem Tod, eine Art ‚kleiner Passion', könnte noch eine Verheißung sein: numen adest." (a.a.O. 391f)

„Numen adest": Das ist ein zögernd-zurückhaltendes Bekenntnis, ein Bekenntnis noch mitten im Dunkel. Schneider hat in einem Gedicht von der „heiligen Schwermut" gesprochen, die sich nicht selbst aufgibt, sondern auf ein Licht zielt:

„Schwer wandelt die Nacht durch den
    Schlummer,
Da Gram sich mit Gram bespricht,
Bis endlich den wogenden Kummer
Zögernd begnadet das Licht."

(Schneider I 310)

Seine Aufzeichnungen „Winter in Wien" beendet Schneider mit dem Satz: „Und es muß sein, es ist ganz unabdingbar, was sich verhüllt in mir, was sich mir unter dem Geheimnis der Barmherzigkeit sachte entzieht." (Schneider II 411) Diese letzte Aufzeichnung ist nicht mehr in Wien, sondern in Freiburg geschrieben, wo er einen Monat später starb.

Seine Schmerzen, seine hellsichtig-trüben Gedanken, seine Fragen des Übergangs: all dies war letzten Endes offen zu Gott hin, von dem er im Nichts alles erwartete.

Der Melancholiker Reinhold Schneider hat bis in letzte Tiefen – im Winter! – leiden müssen. Im Gottesdienst fand er sich tiefer geborgen als sonst irgendwo. Diese Geborgenheit ist schließlich Überwindung, nicht heitere Resignation.

Schneider kannte kein spöttisches Lächeln, von dem Melancholiker tiefer berührt sind als andere Menschen; ihre Erfahrung geht so weit, daß sie meinen, zu Tode gegrinst zu werden.

Diese Ohnmacht ist eine vorletzte, nicht eine letzte Erfahrung. Am Ende leuchtet ein Licht.

10. Schmerzen

Die Verwundbarkeit des Lebens

Die Schwermut reicht tief, sehr tief in die Wurzeln unseres menschlichen Daseins hinab. „Wenn wir also hier nach ihrem Sinn fragen, so ist damit auch schon gesagt, daß es uns nicht um eine psychologische oder psychiatrische, sondern um eine geistige Angelegenheit geht. Wir glauben, es handelt sich um etwas, was mit den Tiefen unseres Menschseins zusammenhängt." (Guardini 7)
Kein Gut-Zureden, kein Druck von anderen und keine hochmütige Mißbilligung rühren in ihrer Vordergründigkeit an die Tiefen der Melancholie. Der dänische Denker Sören Kierkegaard (1813–1855) stand tief in der Schwermut. Er kannte ihren Schmerz, ihre Wunden. „Es liegt in der Schwermut etwas Unerklärliches. Wer Leid oder Kummer hat, weiß, weshalb er traurig oder bekümmert ist. Fragt man einen Schwermütigen, was der Grund seiner Schwermut sei, was als Last auf ihn drücke, so wird er antworten: ich weiß es nicht, ich kann es nicht erklären. Darin liegt die Unendlichkeit der Schwermut. Jene Antwort ist durchaus richtig; denn sobald der Mensch den Grund weiß, ist die Schwermut behoben." (zit. nach Völker 517)
Die Schwermut macht sich noch dort bemerkbar, wo sie ausgeschlossen scheint. Andere Menschen können sie kaum erkennen, verwechseln sie gar mit irgendeiner Unpäßlichkeit. Die Schwermut drückt sich als ein Siegel ins Leben. „Außer meinem übrigen zahlreichen Umgangskreise habe ich noch einen intimen Verwandten – meinen Trübsinn; mitten in meiner Freude, mitten in meiner Arbeit winkt er mir, ruft mich zur Seite, obwohl ich leiblich an Ort und Stelle

bleibe. Ja, meine Schwermut ist die treueste Lieb-
haberin, die ich kennengelernt, was Wunders, daß
ich sie wiederliebe." (a.a.O. 523)

Kierkegaard kannte das große, grenzenlose, ein-
same, verwundete Leid. Vor anderen kann es verborgen sein. „Ich komme eben von einer Gesellschaft, in der ich die Seele war; der Witz strömte
aus meinem Mund, alle lachten, bewunderten
mich – aber ich ging, ja der Gedankenstrich muß
so lang sein, wie die Radien der Erdbahn hin und
wollte mich erschießen.

Tod und Hölle, ich kann abstrahieren von allem,
aber *nicht von mir selbst;* ich kann nicht einmal
mich selbst vergessen, wenn ich schlafe." (zit. nach
Guadini 10)

Kierkegaard litt darunter, nicht wie die anderen
zu sein. In sich selbst aber ahnte er das Besondere, unter dem andere nicht leiden mußten, was
ihn aber wie mit einem Netz fing. Er war „einge-
weiht" in den Gedanken, „Siegen im Sinne der
Unendlichkeit (also das einzige wirkliche Siegen)
müsse im Sinne der Endlichkeit ein Leiden werden." (zit. nach Guardini 9)

Siegen und Leiden: Das gehört zusammen – Siegen auf der Seite der Unendlichkeit und Leiden
auf der Seite der Endlichkeit. Kierkegaard wußte, daß das Siegen im Sinne der Unendlichkeit
nicht von der Mehrzahl der anderen Menschen
eingesehen werden kann. Es bleibt in einer Weise verborgen, die wiederum Schmerzen bereitet.
Das Siegen im Sinne der Unendlichkeit bewirkt
eine Freiheit, die *im* Endlichen *vom* Endlichen
befreit.

In seinen Tagebüchern schrieb Kierkegaard einen Text „Die Wildgans": „Jeder, der auch nur
ein kleines bißchen Kenntnis vom Leben der Vo-
gelwelt hat, weiß, daß zwischen der Wildgans
und den zahmen Gänsen, wie verschieden sie auch

sind, dennoch eine Art Verstehen herrscht. Wenn der Zug der Wildgänse in der Luft zu hören ist, und da zahme Gänse unten auf der Erde sind – so merken diese letzten das sofort, sie verstehen bis zu einem gewissen Grade, was es bedeutet; deshalb hüpfen sie auch, schlagen mit den Flügeln, schreien und fliegen in verworrener unschöner Unordnung ein Stück über den Erdboden hin – und dann ist es vorbei.

Es war einmal eine Wildgans. Zur Herbsteszeit gegen den Wegzug hin wurde sie auf einige zahme Gänse aufmerksam. Sie faßte Zuneigung zu ihnen, es deuchte sie jammerschade von ihnen wegzufliegen, sie hoffte, sie für ihr Leben zu gewinnen, so daß sie sich entschlössen, mit zu folgen, wenn der Zug fortflöge.

Zu dem Zweck ließ sie sich auf jede Weise mit ihnen ein, versuchte sie zu locken, daß sie ein wenig höher stiegen und dann noch ein wenig höher im Flug, damit sie dann womöglich im Zuge mitfolgen könnten, erlöst von diesem elenden, mittelmäßigen Leben, auf Erden zu watscheln als ehrbare zahme Gänse.

Zu Anfang schien es den zahmen Gänsen, dies sei ganz unterhaltsam, sie hatten die Wildgans gern. Aber bald wurden sie ihrer überdrüssig, so gaben sie denn grobe Worte von sich, setzten sie zurecht als eine phantastische Närrin ohne Erfahrung und ohne Weisheit. Ach, und die Wildgans hatte sich leider zu sehr mit den zahmen Gänsen eingelassen, sie hatten allmählich Macht über sie bekommen, so daß ihre Worte etwas für sie bedeuteten – und das Ende vom Liede war, daß die Wildgans eine zahme Gans wurde.

Man kann in gewissem Sinne sagen, was die Wildgans wollte, sei hübsch gewesen, doch war es ein Mißverständnis; denn – dies ist das Gesetz – eine zahme Gans wird niemals zur Wildgans, wohl

aber kann eine Wildgans zur zahmen Gans werden.

Sollte deshalb auf irgendeine Art lobenswert sein,
was die Wildgans tat, dann muß sie vor allem
unbedingt auf eines achten: daß sie sich selbst
hütet; sobald sie merkt, daß die zahmen Gänse
auf irgendeine Weise Macht über sie bekommen
– dann fort, fort mit dem Zug.

Das gilt für das Genie: das Gesetz ist, eine zahme
Gans wird niemals zur Wildgans, hingegen kann
wohl eine Wildgans zur zahmen Gans werden –
deshalb hüte dich!

Christlich ist es nicht ebenso. Gewiß ist der wah-
re Christ, über den der Geist herrscht, vom ge-
wöhnlichen Menschen verschieden wie die Wildgans von den zahmen Gänsen. Aber das
Christentum lehrt ja gerade, wozu ein Mensch
im Leben werden kann. Hier ist also Hoffnung,
daß eine zahme Gans zu einer Wildgans werden
kann. Deshalb bleibe bei ihnen, diesen zahmen
Gänsen, bleibe bei ihnen, nur mit dem einen be-
schäftigt, sie für die Verwandlung gewinnen zu
wollen – aber um Gottes im Himmel willen, ach-
te auf eines: sobald du merkst, daß die zahmen
Gänse anfangen, Macht über dich zu bekommen,
dann fort, auf und davon mit dem Zug, auf daß
es nicht damit ende, daß du wie eine zahme Gans
wirst, glücklich gemacht, in der Jämmerlichkeit."

(Kierkegaard 212f)

Schwermütiges Leben findet sich selbst nur in
der Jämmerlichkeit; darin ist es sensibles Leben.
Es bleibt allemal dort, wo es sich in der Tiefe
findet. Verwundbarkeit: das ist sein großes Leiden. Schwermütige Menschen trauen sich selbst
nichts zu. Sie finden sich abgeschlossen und bleiben im Leiden.

Hier gerät Schwermut in eine Verwundbarkeit,

die tödlich enden kann. Der Tod verlockt zum Tod; er ist die tiefe Verführung, sich sinken zu lassen. Es gibt – manchmal sogar in religiöser Form – einen „Verlorenheitswahn" (Guardini), die Ruhe in sich selbst durch den Griff gegen sich selbst, den Zerstörungswillen, die letzte Erschütterung.

Wenn Mitmenschen die Ruhe – in Ansätzen – gewähren wollen und können, so finden Schwermütige diese Ruhe allein in der Einsamkeit, in der Stille, wohin kein Wort sich vorwagt.

Äußerlich wird vieles zur Fassade. Fassade: das ist tiefste Einsamkeit, hinter der sich das unnennbar Dunkle verkrochen hat. Äußerlich mögen Schwermütige reden, innerlich aber sind sie verstummt.

Sie sind immun gegen das Geschwätz, aber sie machen auch noch die guten Worte lieber Menschen zum Geschwätz.

Von all dem Gesagten weiß der Schwermütige. Er muß es – im Gegenteil – tragen. Er ahnt nicht einmal, daß Schwermut auch vergehen kann, ja er stellt sich ein Ende nur dunkel vor: Schwermut vergeht im Tod.

Ihre Zeit ist der Winter, wenn alles Blühen, Wachsen und Reifen vergangen ist, wenn die Natur in einen Schlaf gefallen ist. Das Endliche stirbt: So findet der Schwermütige seinen eigenen Winter – und zwar im blühenden Sommer.

„Die Schwermut ist Ausdruck dafür, daß wir begrenzte Wesen sind – Wand an Wand mit – lassen wir das allzu vorsichtige und abstrakte Wort fallen, das wir bisher brauchten, ‚das Absolute', und setzen jenes her, das wirklich hergehört: Daß wir Wand an Wand mit Gott leben. Daß wir angerufen sind durch Gott; aufgerufen, ihn in unser Dasein aufzunehmen." (Guardini 50)

Schwermut also ist durch das Höchste bestimmt,

besser: durch den Höchsten. Hier kann es eine Theologie der Schwermut geben, die noch zu schreiben ist, mit deren Ausformulierung Guardini erst begonnen hat. Sie wird Kreuzestheologie sein, ja durchlittene Theologie – wie bei den alten christlichen Wüstenvätern, die vor der Mönchskrankheit, der acedia, der Trägheit des Herzens, warnten.

11. Gegen die Todesmächte auf Golgatha

Der Sieg des Lebens

Die christliche Gemeinde betet und singt im Gottesdienst für die Schwermütigen. Diese lassen sich die Fürbitte gesagt sein. Vielleicht können sie noch wenig in sich aufnehmen, vielleicht zunächst gar nichts. Aber es wird gebetet und gesungen. Gott hört die Gemeinde, und er will ihre Fürbitte erhören.

Kurz nach dem Dreißigjährigen Krieg hat Paul Gerhardt (1607–1676) ein Lied gedichtet, das in die Schwermut hineinreichen und sie durchstoßen kann; es ist nicht nur ein Lied zum Jahreswechsel:

„Nun laßt uns gehn und treten
mit Singen und mit Beten
zum Herrn, der unserm Leben
bis hierher Kraft gegeben.

Wir gehn dahin und wandern
von einem Jahr zum andern,
wir leben und gedeihen
vom alten bis zum neuen

durch soviel Angst und Plagen,
durch Zittern und durch Zagen,
durch Krieg und große Schrecken,
die alle Welt bedecken.

Denn wie von treuen Müttern
in schweren Ungewittern
die Kindlein hier auf Erden
mit Fleiß bewahret werden,

also auch und nicht minder
läßt Gott uns, seine Kinder,
wenn Not und Trübsal blitzen,
in seinem Schoße sitzen.

Ach Hüter unsres Lebens,
fürwahr, es ist vergebens
mit unserm Tun und Machen,
wo nicht dein Augen wachen.

Gelobt sei deine Treue,
die alle Morgen neue;
Lob sei den starken Händen,
die alles Herzleid wenden.

Hilf gnädig allen Kranken,
gib fröhliche Gedanken
den hochbetrübten Seelen,
die sich mit Schwermut quälen.

Und endlich, was das meiste,
füll uns mit deinem Geiste,
der uns hier herrlich ziere
und dort zum Himmel führe."
    (Evangelisches Gesangbuch 58, 1–7.13–14)

Die Gemeinde und die ihr Zugehörigen, wenn auch im Gottesdienst noch nicht anwesenden Schwermütigen, bringt ihre Bitten für alle Kranken vor Gott. Im Gottesdienst ereignet sich etwas, was weder in der Politik noch in der Wirtschaft, weder in der Kultur noch in Freizeitunternehmungen, weder auf Reisen noch im Beruf, weder im Krankenhaus noch in psychiatrischer Forschung geschehen kann; es ist etwas Großes: Gott, der Herr, wird angerufen. Das Gebet – in Lied und Leid! – übersteigt alle kühnen Unternehmungen und Erwartungen: Es richtet sich an den Herrn der Schöpfung, der gleichzeitig der Herr der Gemeinde ist. Die Gemeinde – auch mit den einzelnen Gliedern – redet ihn im Vertrauen und in Zuversicht an.

„Wenn einer es heute fertig bringt, mit diesem unbegreiflichen, schweigenden Gott zu leben, den

Mut immer neu findet, ihn anzureden, in seine Finsternis glaubend, vertrauend und gelassen hineinzureden, obwohl scheinbar keine Antwort kommt als das hohle Echo der eigenen Stimme, wenn einer immer den Ausgang seines Daseins freiräumt in die Unbegreiflichkeit Gottes hinein, obwohl er immer wieder zugeschüttet zu werden scheint durch die unmittelbar erfahrene Wirklichkeit der Welt, ihrer aktiv von uns selbst zu meisternden Aufgabe und Not und von der immer noch sich weitenden Schönheit und Herrlichkeit, wenn er es fertig bringt ohne die Stütze der ‚öffentlichen Meinung' und Sitte, wenn er diese Aufgabe als Verantwortung seines Lebens in immer erneuter Tat annimmt und nicht nur als gelegentliche religiöse Anwandlung, dann ist er heute ein Frommer, ein Christ." (Karl Rahner)

Die Gemeinde nimmt die – wenigen – Worte der Schwermütigen in sich auf; in ihr führt das Ich zum Wir, um dann das Ich wieder zu trösten. Rudolf Alexander Schröder (1878–1962) betont zunächst das Ich:

„Ich wühle mich in Grab und Mißmut ein;
Ich mag nicht mehr. Laßt, Freunde, mich
    allein.
Euch blüht der Tag, die Sonne dünkt euch
    hold;
Und Glück und Jugend ist euch noch im
    Sold.

Was wißt ihr, was es heißt: verloren sein?
Was kennt ihr nur das Traumbild solcher
    Pein?
Bleibt fern von dem, der wie Gewitter
    grollt,
Und den ihr quält, wenn ihr ihn trösten
    wollt.

Ich weiß, an welchem Ort ich bleiben will,
Um meine Trauer mit mir selbst zu teilen,
Fern von der Welt Geschwätz und Läste-
    rungen.

Im Walde meiner Lieder weil ich still;
Dort springt ein Quell; und mag er mich
    nicht heilen,
So ist doch Labung seinem Mund ent-
    sprungen."

(Schröder 174)

Auch Schwermütige werden es erfahren, daß sie noch eine unendliche Hoffnung vor sich haben. Erwin Anderegg kannte die „bleierne Schwere" und die große Erschöpfung der Schwermütigen, ihr Gefühl, Gott habe sie im Stich gelassen, niemand könne sie als Mitmenschen ertragen; er hat gesagt: „Auch in der Schwermut fällt der Mensch nicht aus der göttlichen Schöpfungsordnung."

(Anderegg 100)

In der Melancholie kann sich eine letzte Spur des Glaubens verbergen (vgl. zum Thema „Glaube und Depression" im medizinischen Sinn den Artikel von Schulte und die breit angelegte Untersuchung von Hole). Glaube zielt auf das zu sprechende Heilswort, das manchmal nicht ausgesprochen, aber oft geahnt wird. Es ist ein letztgültiges „Extra me", nicht ein „In mir", sondern immer ein „Außer mir". Es erhebt sich das „Dennoch" des Glaubens.

Christen können von und mit einem geliebten Melancholischen erfahren, wie es um die Grenzen des Menschlichen steht. So können die Melancholischen die Lehrer der „Gesunden" werden. Albrecht Goes (geb. 1908) hat in einem Gedicht „Antwort" den Schwermütigen angesprochen, und in diesem Ansprechen gerät der Dichter in das Geheimnis des Glaubens:

> „Sohn, Sohn der Schwermut, du geliebter
> Sohn,
> O glaube nicht, daß jener dich vergißt,
> Der in der Glorie selbst auf seinem Thron
> Die Stunden zirkelt und die Maße mißt.
> …
> Und was ist, das du bittest, das du bangst,
> Beschenkter du, ein Sohn der Gottes-
> schrift,
> Da dies ein Teil der Armut und die Angst,
> die Fülle noch, nach welcher du verlangst,
> Am Ende doch unendlich übertrifft?"

(Goes 126)

Gott ist größer als unsere Sorge, unser Leid, unsere Sehnsucht, größer auch als jedes menschliche Staunen. Er gibt sich so tief in die Schwermut hinein, daß in ihr Erlösung aufblitzt.

Guardini hat der Schwermut ihren Ort in der Heilsgeschichte gegeben; Sie „ist die Not der Geburt des Ewigen im Menschen". (Guardini 50) Nach dieser Bestimmung hat er pointiert gesagt: „Erst im Kreuze Christi liegt die Lösung für die Not der Schwermut." (Guardini 60)

Das Wort vom Kreuz legt den Grund für jedes Wort der Spiritualität. „Die Torheit des Kreuzes ist weiser, als die Menschen sind, und die Schwachheit Gottes ist stärker, als die Menschen sind." (1 Kor 1,25)

Golgatha ist der Ort, an dem sich die Spannung der Schwermut löst. Friedrich von Bodelschwingh d.J. (1877–1946), Leiter der v. Bodelschwingh-schen Anstalten Bethel in Bielefeld, hat an der Grenze gelebt, wo sein seelsorgliches Wort die Schwermütigen bergend umfaßte:

„Nun gehören unsre Herzen
ganz dem Mann von Golgatha,
der in bittern Todesschmerzen
das Geheimnis Gottes sah,
das Geheimnis des Gerichtes
über aller Menschen Schuld,
das Geheimnis neuen Lichtes
aus des Vaters ewger Huld.

Nun in heilgem Stilleschweigen
stehen wir auf Golgatha.
Tief und tiefer wir uns neigen
vor dem Wunder, das geschah,
als der Freie ward zum Knechte
und der Größte ganz gering,
als für Sünder der Gerechte
in des Todes Rachen ging.

Doch ob tausend Todesnächte
liegen über Golgatha,
ob der Hölle Lügenmächte
triumphieren fern und nah,
dennoch dringt als Überwinder
Christus durch des Sterbens Tor;
und, die sonst des Todes Kinder,
führt zum Leben er empor.

Schweigen müssen nun die Feinde
vor dem Sieg von Golgatha.
Die begnadigte Gemeinde
sagt zu Christi Wegen: Ja!
Ja, wir danken deinen Schmerzen;
ja, wir preisen deine Treu;
ja, wir dienen dir von Herzen;
ja, du machst einst alles neu."

(Evangelisches Gesangbuch 93)

12. Für Schwermütige beten

Die Verheißung des Lebens

Herr Gott, lieber Vater,
du bist in deiner Hoheit im Himmel,
und gleichermaßen verläßt du uns Menschen nicht:
in unserer Schwachheit,
in unserem Versagen,
in unseren Zertrennungen,
wenn wir allzu zögernd aufeinander zugehen,
wenn wir es an einem Mut machenden Wort
    fehlen lassen,
wenn wir eine Geste des Gewährenlassens nicht
    zeigen.
Ich bin betrübt
über die Schwermut von K.H.,
der jetzt in einem Dunkel leben muß,
der sich herabgestoßen fühlt,
den in seiner Tiefe kein geschwisterliches Wort
    erreicht.
Laß ihn nicht versinken,
laß ihn ein kleines Ja zu seiner Schwermut sagen,
laß ihn erkennen,
daß er in der Tiefe Erfahrungen machen kann,
die ihn reich machen,
die ihm einen Vorsprung vor anderen Menschen
    geben,
die ihm bald wieder ein Tor zur Welt öffnen.
Zeige ihm, daß er angenommen ist.
Vor allem aber öffne das Tor zu dir,
das jetzt für ihn verschlossen zu sein scheint,
an das er nicht einmal mehr zu klopfen wagt.
Laß ihn auf deine Verheißungen vertrauen,
die neu ins Leben führen,
auch ins Leben mit dir
und mit der Gemeinde,
in der er sich jetzt nicht zu zeigen wagt.

Er ist so betrübt über sich selbst,
wagt keine Entscheidungen mehr,
sagt immer: „Hätte ich doch...",
wagt kaum mehr zu beten,
wagt nicht mehr, in der Bibel zu lesen.
Wie konnte er früher mit deinen Verheißungen
     leben,
wie konnte er frei und fröhlich dein Zeuge sein,
wie konnte er anderen Menschen raten.
Sein Rat war begehrt,
und hinter jedem Rat stand das Vertrauen auf
     dich.
Er fühlt sich nun abgeschnitten und allein:
Schenke ihm dein Wort neu,
schenke ihm Vertrauen auf die Liebe,
die seine Familie ihm entgegenbringt.
Du allein bist der Fels in der Brandung.
Gib K.H. Mut,
die Schwermut jetzt zu tragen,
und ein kleines Licht der Hoffnung.
Du, Gott, bist treu – auch zu ihm.
Amen.

Herr Jesus Christus,
du hast uns Menschen Heilung und Heil gebracht.
Du bist noch in die tiefsten Tiefen gekommen,
in denen wir allein zu sein meinen,
in denen wir ganz im Dunkel sind,
in denen wir niemanden mehr erwarten,
der uns heilen könnte.
Heilung und Heil:
das ist dein Ziel mit uns Menschen.
Dafür danken wir dir.
Du willst bei uns sein in Zeit und Ewigkeit.
A.F. ist in eine tiefe Schwermut gefallen:
sie fühlt sich ausgestoßen –
auch aus ihrer Familie,
in der sie früher so glücklich war,

in der sie sich geborgen fühlte,
in der sie Liebe empfing
und Liebe schenkte.
Nun sagt sie,
ein tiefes Dunkel habe alles verdeckt,
alles ins Unheil gezogen,
auch alle deine Verheißungen unkenntlich
 gemacht.
Sie sagt,
sie könne keine Predigt mehr hören,
kein Gebet mehr sprechen,
auch in der Gemeinde nicht mitbeten,
den Gottesdienst nicht mehr so feiern,
wie sie es früher konnte.
Sie hat oft Menschen in deine Gemeinde
eingeladen,
die feiert,
lobt,
singt,
dankt, deinen Reichtum erfährt.
Sie lebte die heilsame Unterbrechung,
die sie von Kind an als deine gute Gabe
empfangen hatte.
Herr Jesus Christus,
mein Heiland
und Heiland von A.F.,
ich bin traurig,
daß sie in ihrer Schwermut so mutlos ist,
daß sie ihren Lebenssinn verloren hat.
Reiße sie aus ihren Ängsten.
Laß ihr jetzt ein kleines Licht leuchten,
das dann größer wird,
den Schleier der Schwermut zerreißt,
das Licht deiner Wahrheit schenkt –
als dein großes Geschenk
in Zeit und Ewigkeit.
Schicke Menschen zu A.F.,
die ihr in Wort und Tat bezeugen,

daß du allein Herr bist –
gegen alle Dunkelheit,
daß du sie erträgst und trägst
in Zeit und Ewigkeit.
Amen.

Herr Jesus Christus,
du selbst bist die Auferstehung,
du selbst bist das Leben,
in dem unser kleines Lebenslicht ruht,
in dem es geborgen ist,
in dem es leuchtet,
auch wenn Todesnot uns umfängt.
Von Todesnot umfangen ist auch U.L.,
der keine Freude mehr erfahren kann,
der sich zurückzieht,
weil er von Schuld geplagt ist.
Er rechnet sich Schuld zu,
wenn andere ihm sagen möchten,
daß keine Schuld ihn bedrücken muß.
Aber er meint,
ewig von Schuld geplagt zu sein –
von Schuld vor seinen Lieben in der Familie,
vor den Arbeitskollegen,
vor Freunden
und vor allem vor dir.
Du,
Herr Jesus Christus,
hast am Kreuz gelitten –
auch für U.L.;
du,
Herr Jesus Christus,
bist auferstanden –
auch für U.L.;
du,
Herr Jesus Christus,
hast menschliche Schuld durchgestrichen –
auch die Schuld von U.L.

Gib,
daß ich für U.L. ein Zeuge sein kann,
der ihn nicht drängt,
sondern ihn so leben läßt,
wie er leben kann.
Aber seine Todesgedanken sind groß,
übergroß.
Laß es nicht zu,
daß er sich selbst zerstört,
sondern schenke ihm nur einen Funken
Hoffnung,
die größer und größer werden kann.
Du lebendiger Herr,
ich bitte dich
für U.L. und für alle Schwermütigen,
daß du ihnen jeden Tag zum Ostertag machst,
in dem sie geborgen sind.
Aus deiner Liebe können sie nicht fallen.
So laß sie ruhig und still werden
und Vertrauen zu deiner Treue haben.
Amen.

Schluß

Schwermütige stellen in ihrem Empfinden wesentliche Fragen, denn das Dunkel gehört zum Menschlichen; aber dieses Dunkel darf das Leben des Menschen nicht auslöschen. In zwölf Ansätzen haben wir Zusammenhänge zwischen der Spiritualität als Gestaltung des Glaubens und der Schwermut als Grenze des Lebens in Kürze dargelegt. Spirituelle Lebensmöglichkeiten können helfen, die Schwermut auszuhalten und – zu überwinden. Daß dabei Psychopharmaka helfen, bezeugen viele Schwermütige. Aber es muß der Trost dazukommen.

„‚Trösten' in dem von Luther so häufig gebrauchten seelsorgerlichen Sinn meint … nicht ein Zudecken, sondern ein Aufdecken, nicht ein Verharmlosen, sondern eher ein Verschärfen, ein Auf-die-Spitze-Treiben, ein Wahrnehmen des Glaubens (im Sinne von: Ernstmachen mit ihm) in Kontrast zu dem, was ohne ihn wahrnehmbar ist. Deshalb fügt Luther dem Trostwunsch an Brisger etwas eher Erschreckendes hinzu: Er solle doch ernsthaft für Luther zum Herrn beten. Ist Luther doch nicht der Inbegriff des Glaubens, vielmehr so schwach, daß er die Fürbitte braucht, von Christus nicht im Stich gelassen zu werden. Aber gerade dies ist ein Eingeständnis des Glaubens. Er weiß, daß er der Anfechtung bedarf, um nicht etwa sich zu rühmen, vielmehr gedemütigt zu werden, damit Gott in ihm verherrlicht werde und eben dadurch Luther nicht zum Erliegen kommt." (Ebeling 399)

Glaube und Anfechtung gehören zusammen, Spiritualität und Melancholie gehören zusammen, damit der Mensch nicht geistlich hochmütig wird. Menschen beten für Schwermütige, und diese versuchen zu beten – mit einem vielleicht nur ganz kurzen Satz: „Segne!" oder „Herr, erbarme dich." Die beiden kurzen Ausrufe führen in den Gottesdienst zurück, aus dem sie stammen.

Der Schwermütige wird nicht – das darf ihm zugesprochen werden – in der Schwermut bleiben. Sie geht vorüber – im wörtlichen Sinn. Zuspruch versteht den Schwermütigen – geistlich. Es geht „um die Bezeugung des in Christus Mensch gewordenen Gottes, der den Menschen barmherziger begegnet, als sie sich selbst anzunehmen in der Lage sind." (Steinhilper I 17) Im seelsorglichen Zuspruch geht es vor allem um die Vermittlung der Christusgemeinschaft.

Das ist ein großer Schatz der Glaubenden. Der Apostel Paulus schreibt: „Wir haben aber diesen Schatz in irdenen Gefäßen, damit die überschwengliche Kraft von Gott sei und nicht von uns. Wir sind von allen Seiten bedrängt, aber wir ängstigen uns nicht. Uns ist bange, aber wir verzagen nicht. Wir leiden Verfolgung, aber wir werden nicht verlassen. Wir werden unterdrückt, aber wir kommen nicht um. Wir tragen allezeit das Sterben Jesu an unserem Leibe, damit auch das Leben Jesu an unserem Leibe offenbar werde. Denn wir, die wir leben, werden immerdar in den Tod gegeben um Jesu willen, damit auch das Leben Jesu offenbar werde an unserm sterblichen Fleisch." (2 Kor 4,7–11)

Paulus hat das tröstliche Wort gehört: „Laß dir an meiner Gnade genügen; denn meine Kraft ist in den Schwachen mächtig." (2 Kor 12,9) Christen brauchen keinerlei Selbstruhm. Gott selbst spricht seine Kraft zu. Darum können Menschen Ja sagen in der Schwachheit; sie werden in der Schwachheit durch den Glauben von sich selbst zu Christus hin gerichtet. Dieses Richten bewirkt Umkehr.

Was bleibt am Schluß? Nicht eine politische oder ästhetische, nicht eine gesellschaftliche oder sentimentale „Bewältigung" der Schwermut. Es bleibt das Gebet für Angehörige von Schwermütigen und für diese selbst: „Bleibe bei uns, Herr, und bei allen Menschen, besonders bei den Angefochtenen und Schwermütigen. Bleibe bei uns am Abend des Tages, am Abend des Jahres, am Abend des Lebens, am Abend der Welt. Bleibe bei uns in unserer Schwachheit mit deiner Gnade und Güte, mit deinem Wort und Sakrament, mit deinem Trost und Segen. Bleibe bei uns, wenn über uns kommt die Nacht der Trübsal und Angst, die Nacht des Zweifels und der Anfechtung. Bleibe bei uns und bei allen deinen Kindern in Zeit und Ewigkeit.

Amen."

LITERATUR

Erwin Anderegg, Zeichen im Dunkel. Ein Seelsorger berichtet aus seinem Leben, von seinem Wirken, Glauben und Denken, Basel 1998.

Silvano Arieti/Jules Bemporad, Depression. Krankheitsbild, Entstehung, Dynamik und psychotherapeutische Behandlung, Stuttgart 1983.

Eugen Bleuler, Lehrbuch der Psychiatrie. Unveränderter Nachdruck der 15., von Manfred Bleuler bearbeiteten Aufl., Berlin – Heidelberg – New York 1983.

Hartmut Böhme, „Die Schädelstätte der Geschichte", in: Ulrich Horstmann (Hrsg.), Die stillen Brüter. Ein Melancholie-Lesebuch, Hamburg 1992, 175–186.

Hermann Dörries, Das Bruderwort. mutuum colloquium et consolatio fratrum, in: Ders., Wort und Stunde. Bd. 3, Göttingen 1970, 458–482.

Dunkles belichten. Ein Prophet geht seinen Weg: Elija, in: Texte zur Bibel. Bd. 13, Neukirchen-Vluyn 1997.

Theodor Echtermeyer, Deutsche Gedichte. Von den Anfängen bis zur Gegenwart. Neugestaltet von Benno von Wiese, Düsseldorf 1958.

Gerhard Ebeling, Luthers Seelsorge. Theologie in der Vielfalt der Lebenssituationen an seinen Briefen dargestellt, Tübingen 1997.

Elija. Ein Prophet im Widerspruch. Ökumenisches Arbeitsheft zur Bibelwoche 1997/98, Stuttgart 1997.

Albrecht Goes, Gedichte, Frankfurt/M. 1958.

Romano Guardini, Vom Sinn der Schwermut, Zürich 1949.

Ludger Heidbrink (Hrsg.), Entzauberte Zeit. Der melancholische Geist der Moderne, München – Wien 1997.

Günter Hole, Der Glaube bei Depressiven. Religions-psychopathologische und klinisch-statistische Untersuchung, in: Forum der Psychiatrie. NF Bd. 4, Stuttgart 1977.

Ulrich Horstmann (Hrsg.), Die stillen Brüter. Ein Melancholie-Lesebuch, Hamburg 1992.

Johannes vom Kreuz, Die Dunkle Nacht. Vollständige Neuübersetzung. Hrsg. und übersetzt von Ulrich Dobhan, Elisabeth Hense und Elisabeth Peters. Mit einer Einleitung von Ulrich Dobhan und Reinhard Körner, Freiburg/Br. 1995.

Roland Kachler, Wege aus der Wüste. Mit Elia Krisen durchleben, Stuttgart 1993.

Sören Kierkegaard, Tagebücher. Bd. 5, Düsseldorf 1974.

Aarre Lauha, Kohelet, in: Biblischer Kommentar: Altes Testament. Bd. 19. Neukirchen-Vluyn 1978.

Piero Meldini, Das Gegengift zur Melancholie. Roman, Berlin 1997.

Gerhard Ruhbach, Johannes vom Kreuz, in: Theologische Realenzyklopädie. Bd. 17, Berlin 1988, 134–140.

Reinhold Schneider, Gesammelte Werke. Bd. 5, Lyrik, Frankfurt/M. 1981 (= Schneider I).

Reinhold Schneider, Gesammelte Werke. Bd. 10, Verhüllter Tag. Winter in Wien, Frankfurt/M. 1978 (= Schneider II).

Rudolf Alexander Schröder, Gesammelte Werke. Bd. 1, Die Gedichte, Frankfurt/M. 1952.

Walter Schulte, Das Glaubensleben in der melancholischen Phase, in: Der Nervenarzt 25, 1954, 401–407.

Rolf Steinhilper, Depression – Herausforderung an die Seelsorge, Stuttgart 1990 (= Steinhilper I).

Rolf Steinhilper, Das schwere Leben leben lassen. Wege aus der Depression, Stuttgart 1992 (= Steinhilper II).

Klaus Teschner, Was machst du hier, Elia? Auslegungen zu Texten aus 1./2. Könige und Maleachi. Der Gemeinde zur Bibelwoche 1997/98, Neukirchen-Vluyn 1997.

Ludwig Völker (Hrsg.), „Komm, heilige Melancholie". Eine Anthologie deutscher Melancholie-Gedichte. Mit Ausblicken auf die europäische Melancholie-Tradition in Literatur- und Kunstgeschichte, Stuttgart 1983.

MÜNSTERSCHWARZACHER KLEINSCHRIFTEN
Schriften zum geistlichen Leben

ISSN 0171-6360

VIER-TÜRME-VERLAG
D-97359 Münsterschwarzach Abtei
Telefon 0 93 24/20-2 92 · Telefax 0 93 24/20-4 52